# ORACIONES
# PARA
# TODAS LAS OCASIONES

**Nuestro Dios es un solo Dios en Tres Personas. Todas nuestras oraciones se ofrecen a la Santísima Trinidad — por lo geneal, al Padre, a través de Hijo, en el Espíritu Santo.**

# ORACIONES PARA TODAS LAS OCASIONES

*Editado por el*
Rev. Francis Evans

*Ilustrado*

CATHOLIC BOOK PUBLISHING CORP.
Nueva Jersey

NIHIL OBSTAT: James T. O'Connor, S.T.D.
Censor Librorum

IMPRIMATUR: ✙ Patrick J. Sheridan, D.D.
Vicario General, Archidiócesis de Nueva York

# CONTENIDO

# PREFACIO

Hoy día muchos católicos buscan la forma de orar, pues están convencidos, más que nunca, de que necesitan orar. Saben que, como lo declarara el Segundo Concilio Vaticano, "la vida espiritual no se limita solamente a la participación en la Liturgia. En verdad los cristianos están llamados a orar con sus hermanos y hermanas, pero también deben entrar en sus habitaciones para orar al Padre en secreto."

Hay innumerables formas de orar y muchos métodos para hacerlo, siendo el libro de oraciones una de las mayores ayudas para muchos, ya que pone al alcance de nuestras manos un precioso tesoro de palabras mediante las cuales podemos acercarnos a Dios cada día. Estas oraciones ya preparadas imprimen en nuestras mentes los sentimientos que la Iglesia desea que tengamos en nuestras oraciones.

Las oraciones de esta clase también conllevan un mayor saber y comprensión de las enseñanzas de la Iglesia; enseñándonos la fe, de forma sutil y callada, nos permiten al mismo tiempo llegarnos junto a Dios. Usándolas, no solamente nos acercamos más a Dios, sino cada día que pasa aprendemos a conocerlo mejor.

De más está decir que también podemos orar usando nuestras propias palabras en lugar de aquellas que aparecen impresa en el papel —y en verdad, debemos hacerlo. Sin embargo, las oraciones ya escritas están ahí para aquellos momentos en que no sabemos qué decir y necesitamos ayuda para hablar con Dios. Necesitamos la ayuda de los siglos pasados así como también de las tendencias modernas para así expresar lo que sentimos y lo que debemos sentir.

Este nuevo libro de oraciones se presenta como una ayuda, combinando las mejores cualidades, tanto de las oraciones tradicionales como de las contemporáneas. Ofrece oraciones que nunca envejecen, oraciones que se adaptan precisamente a cada momento de nuestras vidas diarias, dándonos a todos la razón para orar en cada condición de vida, cada condición de pensamiento, en momentos de tristeza, en momentos de felicidad y también en las festividades.

Hemos puesto todos nuestros esfuerzos para facilitar el uso diario de este libro y que sea atractivo a la persona que lo está usando. El texto ha sido impreso en caracteres grandes, fáciles de leer, y en colores negro y rojo. Las inspiradoras ilustraciones llenas de colorido nos ayudarán a mantener nuestras mentes en Jesús y, a través de El, en las otras Personas de la Santísima Trinidad.

Que Dios quiera que todos aquellos que usen este libro alcancen una vida espiritual más profunda y vital y los conduzca cada día más cerca a una eterna unión con el Dios vivo.

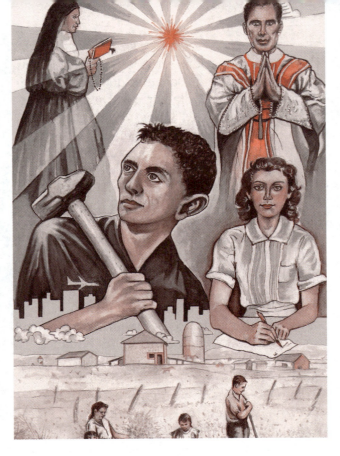

**LA ORACIÓN ES BENEFICIOSA A TODO ESTADO DE VIDA** — Nadie tiene una bonificación en la oración. Cualquiera que sea nuestra condición de vida debemos cultivar una sólida vida de oración, un verdadero diálogo con Dios. Dentro de esta conexión, todo evento o situación proveerá sus propias razones para este diálogo.

## ORACIONES PARA DIFERENTES ESTADOS DE VIDA

*Como ya hemos visto, los cristianos deben orar siempre. Ello no es cosa fácil de hacer, especialmente en nuestros agitados tiempos modernos; por tanto, con el transcurso de los años han surgido muchas razones para la oración y se han convertido en una mecánica de la oración avalada por el tiempo. En esta sección hacemos uso de los diferentes estados de vida de las personas como punto de partida para la oración. La razón para cada oración es sencillamente que la persona lleve una clase de vida en particular.*

*Lo que ello hace es tomar en consideración la situación de la vida de la persona al formular una oración para él o para ella. Antes se nos pedía que oráramos en la mañana, al mediodía y por la tarde — lo cual es bueno y aconsejable; sin embargo, nos era muy posible perder de vista estos momentos ante la presión de otros problemas presentes en nuestra vida cotidiana. Esta sección, basada precisamente en esa clase de vida, es un recordatorio apropiado de que nuestra vida de oración no está relegada a ciertos y determinados momentos, sino que es nuestra vida misma. Debe continuar con nuestra vida diaria — sin importar cuáles sean nuestras ocupaciones.*

*Es entonces que, indirectamente, esta clase de oración se relaciona más de cerca con nosotros, permitiéndonos razones más convincentes para orar, y recordándonos nuestra meta final aún cuando estemos tratando de alcanzar las metas cotidianas de la vida. Nos hace incurrir en el hábito de orar en cualquier momento de nuestro quehacer diario.*

*Las fórmulas de las oraciones en esta sección no son exclusivas por necesidad; pudiendo usarlas aquellas personas que no formen parte de un estado de vida en particular (usado en su sentido más amplio), para orar por aquellos que pertenezcan a ese estado — por ejemplo, los religiosos. Ello puede hacerse fácilmente "convirtiendo" las oraciones mediante simples sustituciones de los pronombres — dándonos así un conjunto de oraciones ya preparadas para estados de vida comunes.*

## Oración de las Personas Mayores

Que Cristo me mantenga siempre joven
"para la mayor gloria de Dios."
Porque la ancianidad viene de El,
la ancianidad conduce a El,
y la ancianidad me afectará
sólo en lo que sea su voluntad.
Ser "joven" significa tener esperanza,

tener energías, sonreír — y ver con claridad.
Que yo acepte la muerte en cualquier forma
que pueda llegarme en Cristo,
es decir, en el proceso del desarrollo de la vida.
Una sonrisa (interior y exteriormente)
quiere decir hacer frente
con dulzura y gentileza
a todo lo que pueda sucederme.

Jesús, concédeme poder servirte,
proclamarte,
glorificarte,
y manifestarte,
hasta el final en todo momento
que me quede de vida,
y sobre todo el momento de morir.
Señor Jesús,
a tu cuidado encomiendo mis últimos años,
y mi muerte;
no permitas que dañen o manchen
la labor que he soñado en lograr
para Ti.

## Oración de los Monaguillos

Querido Señor Jesús,
gracias te doy por llamarme
a servir en tu santo altar
durante la celebración de la Eucaristía.
Sé que el sacerdote ocupa tu lugar
cuando, junto con tu pueblo
y en nombre de la Iglesia,

vuelve a revivir
tu Pasión, Muerte y Resurrección.

Ayúdame a desempeñar mi papel
en este memorial de la Santa Cena
con dignidad y precisión
y con total participación interior.
Concédeme permanecer tan unido a Ti
en la tierra,
que un día pueda participar
de tu gloria en el cielo.

## Oración de las Personas de Negocios

Señor Jesús,
soy negociante,
dedicado a empresas comerciales.
Debo trabajar duro para ganar mi salario,
y no siempre recuerdo
poner a trabajar mi cristiandad
en las labores comerciales.
Te lo ruego, perdónamelo,
y ayúdame en el futuro a mantener
el interés del público en mente.

Sé que solo no puedo cambiar el mundo
pero, en lo poco que pueda, puedo tratar
de ser más honesto,
más sincero y digno de confianza
en mi vida de negocios.
Ayúdame, Señor,
pues no podré hacerlo sin Ti.

## Oración de los Ministros Extraordinarios de la Comunión

Señor Dios,
gracias te doy por llamarme
a servirte y servir tu pueblo
en esta comunidad
como ministro extraordinario de la Eucaristía.
Tú sabes que jamás yo sería digno
de tan alto honor.
Ayúdame a ser menos indigno
permaneciendo libre de pecado.

Concédeme alimentar tu pueblo
con el testimonio de mi vida
al alimentarlos con el Cuerpo de Cristo.
Concede tu fuerza y santidad
a todos tus ministros extraordinarios
y hazlos dignos de traer a Cristo a los demás.

## Oración de los Campesinos

Señor Dios,
Rey del universo,
Tú eres la única fuente
de desarrollo y abundancia.
Con tu ayuda siembro las tierras
y con tu poder rinden una cosecha.
Concédeme la gracia de trabajar siempre
con todas mis fuerzas e ingenio

cultivando la tierra
para que produzca sus frutos
para mi beneficio
y de todos los que los usen.

Hazme consciente de que sin mi parte
en el trabajo de cosechar los productos de la
    tierra,
estos bienes en particular faltarían
a mis hermanos y hermanas en este mundo.
Permíteme también comprender a la vez
que sin tu parte en este proceso
yo estaría trabajando en vano.
Acepta mis gracias por tu continua ayuda en
    el pasado
y tu amparo sin falta en el futuro.

### Oración de los Padres

Padre celestial,
te has complacido en permitir
que se me llame por el nombre
que es tuyo desde toda la eternidad.
Ayúdame a ser digno de ese nombre.
Que pueda ser siempre para mis hijos
una fuente de vida —
corporal, intelectual y espiritual.
Permíteme contribuir en gran parte
en su desarrollo físico con mi trabajo,
con adelanto mental con las buenas enseñan-
    zas,

y a su vida espiritual con mis oraciones y
ejemplos,
de modo que puedan llegar a ser
seres humanos por completo
e hijos verdaderos de su Padre celestial.

Permíteme estar consciente que mis actos
son mucho más importantes que mis palabras.
Que siempre pueda darles a mis hijos
un buen ejemplo,
en todas situaciones de la vida.
Que porte mis éxitos con modestia,
y que mis fracasos jamás me desalienten;
que sea moderado en momentos de alegría
y abnegado en momentos de angustia.
Que sepa ser humilde después de hacer el
bien
y pesaroso de hacer el mal.
Pero sobre todo, que sepa respetar
los derechos de mis hijos como seres humanos
y la libertad para seguir una conciencia for-
mada con justicia,
mientras cumplo con mi deber de guiarlos
en la senda mostrada por tu Hijo Jesús.

## Oración de los Novios

Señor,
te damos gracias por este don maravilloso

de nuestro amor,
que en tu generosidad nos has concedido
y que nos permite edificar
una verdadera comunión entre nosotros —
siempre y cuando permanezcamos abiertos a
   Ti,
fuente de todo amor.
Ayúdanos a continuar amándonos
y aceptarnos el uno al otro tal como somos,
sin condiciones,
según aprendemos a conocernos mejor.
Haznos generosos en la dádiva
y humildes en recibir.

Permítenos comunicarnos entre nosotros
todas nuestras alegrías, sufrimientos y de-
seos
y todas nuestras esperanzas, tristezas y dificultades.
Danos el poder de tu amor
para que nos olvidemos de nosotros mismos
y vivamos el uno para el otro
teniendo un solo espíritu verdadero,
preparándonos para el momento
en que Tú nos envíes nuestros hijos
para aumentar nuestra unión y amor.

### Oración de los Abuelos

Señor,
yo se que cada período de nuestras vidas

tiene sus responsabilidades,
así como también sus alegrías.
Hoy parece que los abuelos
son de muy poca utilidad —
o demasiada —
se nos deja a un lado sin nada que hacer
o se nos pide que lo hagamos todo.
Ayúdame a saber cuáles son mis deberes
en mi situación en particular
y cumplirlos lo mejor que pueda.
Cuida de mi familia —
de mis hijos y de mis nietos.
Inspíralos para que sigan a tu Hijo
y vivan vidas verdaderamente cristianas.
Manténnos en tu amante cariño,
y no permitas que nos alejemos de Ti,
ayúdanos al final recibir el regocijo
de llegar a tu presencia gloriosa
por toda la eternidad.

### Oración de las Amas de Casa

Querido Señor,
la mayoría piensa que cuidar del hogar
es una tarea de poco valor
que no requiere talento alguno.
Ayúdame a comprender que
es todo lo contrario —
que es el trabajo más importante de todos
que requiere una infinidad de talentos.
Mantener un hogar para aquellos

que fueron hechos en tu imagen
significa ayudarlos inevitablemente
a que se acerquen a Ti.
Con mis pequeños esfuerzos
puedo influenciar los miembros de mi familia
en multitud de formas
para que sean mejores personas
y mejores cristianos.

Concédeme la gracia para saber
cómo manejar cada situación,
las fuerzas para hacer las cosas ordinarias de
    cada día,
el amor para vencer toda animosidad,
y la alegría para disipar el aburrimiento.
Ayúdame cada día a crecer como persona,
para desarrollarme en todas las áreas
necesarias para el ama de casa —
relaciones de amor, esfuerzos mentales,
trabajos manuales.
Dame las fuerzas para acercar mi familia a
    Jesús cada día más,
no tanto con mis palabras como por mis
    acciones.

### Oración de los Trabajadores

Señor Dios,
se que todo trabajo nos asemeja a Ti —
al continuar tu trabajo de la creación.
Sin la labor manual

el mundo llegaría a detenerse.
Así que se que mi trabajo es importante.
Pero lo es más porque ayuda a formarme
y hacerme mejor como persona y como cristiano.
Me permite darme a los demás;
me obliga a ser menos egoísta
y me da una forma diferente de ver la vida.
Me hace ver que todos los seres humanos
están juntos en esta vida
y deben trabajar junto para seguir adelante.
Gracias por hacer posible
que crezcamos y nos desarrollemos.
Concédeme las fuerzas para seguir trabajando
y ganar un salario decente para mantener mi familia.
Permíteme trabajar honestamente por el salario diario,
y guárdame fiel a Ti
todos los días de mi vida.

## Oración de los Laicos

Señor,
ayúdame a ejercer mi apostolado laico
donde trabajo o practico mi profesión,
donde estudio o resido,
donde paso mis vacaciones
o tengo mis amistades.

Permíteme convertirme en luz del mundo
adaptando mi vida a mi fe.
Practicando la honestidad en todos mis
    tratos,
pueda yo atraer a todos los que encuentro
al amor a la verdad y al bien,
y últimamente a la Iglesia y a Cristo.

Inspírame para compartir en las condiciones
    de vida,
así como en las labores, tristezas y aspira-
    ciones,
de mis hermanos y hermanas,
preparando así sus corazones
para adorar tu gracia salvadora.
Permíteme ejecutar mis deberes domésticos,
    sociales y profesionales
con tanta generosidad cristiana
que mi manera de actuar penetre
el mundo de la vida y del trabajo.

Enséñame a cooperar
con todo hombre y mujer de buena voluntad
para promover todo lo que es verdad,
todo lo que es justo,
todo lo que es santo, y todo lo que se debe
    amar.
Permíteme complementar el testimonio de
    mi vida
con el testimonio de tu Palabra,

de modo que yo proclame a Cristo
a aquellos hermanos y hermanas
que no pueden oir el Evangelio
por nadie más que por mi.

## Oración de los Oficiales de la Ley

Señor Dios,
Tú has creado un mundo maravilloso
permeado por un maravilloso sentido del
  orden.
Pero los seres humanos tienen la tendencia
a luchar contra el orden en su nivel.
Por ello es que hay personas como yo
para mantener el orden en la sociedad.

Ayúdame a usar mi autoridad con comprensión y moderación,
sin prejuicios ni cólera.
Permíteme recordar que al ejercer mis fun-
  ciones
comparto de tu Divina Providencia
en el universo,
de forma que la gente de este mundo
puedan vivir sus vidas cabalmente
y crecer en el conocimiento
y el amor a Ti,
a tu Hijo y al Espíritu Santo.

## Oración de los Cantores

Querido Jesús,
gracias por concederme una voz agradable,
y por llamarse a usarla en tus ritos litúrgi-
cos.
No me permitas enorgullecerme por cantar
en la iglesia
sino que reconozca que todo se debe a Ti.

Ayúdame a llevar los cantos en tal forma
que los demás participan más plenamente
en la celebración de la Eucaristía.
Haz que esté consciente de que al ayudar a
celebrar tu Misterio Pascual,
estoy ayudando a traer tu Redención al
mundo,
y, a la vez, llevando el mundo hacia Ti.

## Oración de los Lectores

Querido Jesús,
gracias por llamarme a ser lector
en tus celebraciones eucarísticas.
Permíteme tomar mi papel en serio
y prepararme con diligencia para ello,
estudiando los textos sagrados antes de la
Misa
y esforzándome por ser mejor cristiano.
Por mi acción física de leer,
soy el instrumento a través del cual

Tú te haces presente
a la asamblea en tu Palabra
a través de la cual impartes tus enseñanzas.
No permitas que nada que yo haga distraiga
a tu pueblo
o cierre sus corazones a la acción de tu Espíritu.
Limpia mi corazón y mi mente
y abre mis labios para que pueda dignamente proclamar tu Palabra.

## Oración de los Miembros de las Fuerzas Armadas

Señor,
Tú eres el Señor de los ejércitos.
Fortálecenos a nosotros que somos miembros
de las fuerzas armadas de nuestro país.
Ayúdanos a prepararnos tan bien para defender nuestro país,
que podamos eliminar la necesidad
de tenerlo que hacer.
Que al servir a nuestro país
podamos también servirte a Ti.

Haznos leales a quienes amamos
a pesar de todas las separaciones.
Manténnos devotos de nuestra Iglesia
a pesar de las presiones de nuestros deberes.
Ayúdanos a llevar a otros hasta Ti,

con el ejemplo que damos a nuestros compañeros en las armas.

## Oración de las Madres

Padre celestial,
concédeme la gracia de apreciar la dignidad
que me has conferido.
Permíteme comprender que ni aún los Ange-
les
han sido bendecidos con tal privilegio —
de participar en tu milagro creador
y de traer nuevos Santos al cielo.

Permíteme ser una buena madre
para todos mis hijos,
siguiendo el ejemplo de María,
la Madre de tu Hijo.
Por la intercesión de Jesús y María,
te pido tu bendición continua sobre mi familia.
Permite que todos nos dediquemos
a tu servicio en la tierra
y alcancemos la felicidad eterna
de tu Reino en el cielo.

## Oración de los Padres por sus Hijos

Señor Dios,
deseamos cooperar verdaderamente en la
gracia

y ser testigos de la fe
para nuestros hijos.
Sabemos que tenemos un deber
al educarlos en la fe
por la palabra y el ejemplo.
También sabemos que debemos ayudarlos
al escoger una vocación,
fomentando cuidadosamente toda vocación
   religiosa que puedan tener.

Ayúdanos a desempeñar este deber sagrado
todos los días de nuestras vidas.
Enséñanos a dialogar con nuestros hijos
y compartir los beneficios especiales
que cada generación puede ofrecer a las
   otras.
Permítenos estimularlos a tomar parte en el
   apostolado
dándole un buen ejemplo,
buenos consejos y asistencia voluntaria.
Que podamos aprender de ellos cómo estar
   abiertos a la vida
y permanecer siempre jóvenes en la fe, la esperanza y el amor.

### Oración de los Miembros de los Comités de las Parroquias

Señor,
Tú me has hecho parte del comité de la parroquia

cuyos miembros están unidos por medio de
la comunión
creada por tu Palabra y la Eucaristía.
Ayúdame a esforzarme para asegurar que
nuestro comité
sea foro verdadero de opiniones
que actuará por el consentimiento unánime
más bien que por una mayoría de votos.
Se me ha llamado para representar a otros
miembros de la parroquia
y ser la voz de la comunidad.

Ayúdame a hablar verdaderamente en nombre del pueblo
y a expresar sus convicciones, ideas y vi-
siones.
Como trabajador junto con el las otras personas
de este grupo de ministros de la parroquia
que jamás yo endose simplemente las decisiones del grupo,
sino que las pondere cuidadosamente y de
mi opinión honesta —
sin miedo, rencores ni prejuicios.
Por último, permíteme ver más allá de los
intereses de la parroquia
y considerar los intereses diocesanos y uni-
versales,
así como contemplar los asuntos cívicos, na-
cionales y humanos.

## Oración de las Mujeres Encinta

Señor Dios,
Creador de todas las cosas,
Tú te has complacido en permitirnos a mi
    esposo y a mí
en colaborar contigo al concebir un(a) hijo(a).
Gracias te doy por tan preciado don.
Ayúdame a cuidar con cuidado esta nueva
    vida
y no hacer nada que pueda dañarla.

Después de nacer mi hijo(a),
permíteme darle todo mi cariño y amor
y criarlo en tu amor y servicio
para que llegue a ser hijo(a) tuyo(a)
y heredero(a) de tu Reino.
Se conmigo, Señor, en esta gran tarea
para que me confortes, me des fuerzas,
me des calma y me ilumines.

## Oración de los Sacerdotes

Querido Jesús,
a pesar de mi indignidad
y por el impulso de tu bondad
te has complacido en elevarme a la gran dig-
    nidad
del sagrado sacerdocio.

No solo me has hecho tu ministro
sino también voz de tu sublime sabiduría
y dador de tus misterios.
Estoy lleno de júbilo, de amor y gratitud
    hacia Ti
por recibir este privilegio singular,
y me siento entristecido por mis debilidades
    en responder como debiera
a tu gran generosidad.

Concédele tu luz a mi mente
para que pueda diariamente ofrecer
en mayor abundancia los frutos
de tu Redención de todo ser humano.
Ayúdame a ser un *pontífice* genuino,
un hacedor de puentes,
entre Tú y tu pueblo
y permíteme ser verdaderamente "otro
    Cristo" en este mundo.

### Oración de los Profesionales

Señor,
soy lo que llaman un miembro de una profe-
    sión,
es decir, que he tenido un adiestramiento es-
    pecial
así como largos años de estudios.
Pero sobre todo, requirió el talento para com-
    prender
que es un don que Tú me has dado.

Permíteme comprender que ese talento se
   otorga
para el bien de todo ser humano,
no para enriquecerme con la abundancia
de los bienes de este mundo.

Concédeme que nunca abuse de mi profesión
ni del conocimiento que Tú me has impar-
   tido.
Que en vez de ello yo pueda usar mi talento
para que los demás me vean
como el reflejo de tus infinitas perfecciones.
Para que así ellos puedan ser atraídos
al tan sublime conocimiento
de Ti y de tu Hijo
en la unidad del Espíritu Santo.

## Oración de los Religiosos

Señor Jesús,
gracias te doy con todo mi corazón
por el privilegio de servirte
en la vida religiosa.
Permíteme convencerme de que esta
es la vida ideal
en la que puedo vivir plenamente.
Al tomar el voto de pobreza,
no renuncié tanto a todas las cosas,
más bien he ganado el poder para usarlas
   todas

en tu servicio.
Al tomar el voto de castidad
no entregué tanto el aspecto sexual
o la capacidad de amar;
más bien estoy capacitado para amarte sin
   límites
y a todos los seres en Ti.
Al tomar el voto de obediencia,
sometiéndome a la voluntad de la autoridad
   legítima,
no cedí tanto mi propia voluntad;
sino que me liberé para usar los dones dados
   por Dios
de forma de asegurar la total realización de
   mi mismo.
Al llamarme a ser un verdadero cristiano
Tú me has llamado a ser verdadero humano
y dedicarme por completo a edificar
tu Reino en la tierra.

## Oración de los Eruditos e Investigadores

Señor Dios,
al dedicarnos al estudio
de diferentes disciplinas intelectuales
y cultivar las artes,
ayúdanos a comprender que podemos hacer
   mucho
por elevar la familia humana
a una comprensión más sublime

de la verdad, de la bondad y la belleza
y a la formación de opiniones ponderadas
que tendrán valor universal.
De esta forma, la humanidad se iluminará
    más claramente
con esa maravillosa Sabiduría
que estuvo en tu presencia desde toda la
    eternidad.
Concédenos que estemos menos sujetos a las
    cosas materiales
y así podamos sentirnos atraídos más fácil-
    mente
a tu adoración y contemplación,
el Creador.
Por el impulso de tu gracia
haz que estemos dispuestos a reconocer la
    Palabra de Dios,
El cual antes de hacerse hombre —
para salvarnos a todos y asumir todo en Sí
    Mismo —
estaba ya en el mundo
como la Luz verdadera que nos ilumina a
    todos.

## Oración de los Confinados

Querido Señor,
a causa de mi dificultad en moverme
ya soy incapaz de ir donde deseo
y estoy a la merced de otros para que me
    saquen de esta casa.

No permitas que me retraiga del mundo exterior

sino que continúe en interesarme en él.

Porque Tú estás allí, al igual que estás conmigo;

Tú estás en todas partes de este magnífico mundo creado por Ti.

Permíteme comprender que todas las diversas etapas de la vida son dones tuyos;

y que cada edad tiene sus propias recompensas

así como también sus problemas.

Déjame darte las gracias por cada nuevo día de vida

y usar ese día para crecer en la gracia

y en tu conocimiento y amor.

Ayúdame cuando me siento cansado

y dame fuerzas para seguir adelante.

Y al final de mi jornada por la vida

permíteme ver tu gloria en el cielo.

### Oración de los Solteros

Señor,

después de haber orado y reflexionado mucho

he llegado a creer

que puedo servirte mejor estando soltero.

Permíteme ser verdadero a mi vocación a esta vida

y nunca hacer nada que pueda empañarla.

Al entregar libremente los beneficios de la vida de casado,

estoy consciente que también renuncio a sus
   dificultades
y que en cambio recibo los beneficios de estar
   soltero.
Capacítame para apreciar la libertad que gozo
de las preocupaciones y desvelos de esposos
   e hijos,
de una vida altamente estructurada
y de las demandas legítimas
de los miembros de la familia.

Ayúdame a usar bien
el tiempo adicional del cual disfruto.
Inspírame para entregarme a los demás,
para ser un ejemplo a mis amigos casados
y a confortar mis amigos solteros.
Que pueda siempre comprender que, soltero
   o casado,
nuestro único interés debe ser
servirte a Ti cada día
y servir los demás en tu nombre.
Concédeme estar siempre tan junto a Ti
que jamás me sienta solo en la vida que he
   elegido para mí.

## Oración de los Esposos

Señor,
bendice esta persona tan querida
a quien elegiste para ser mi cónyuge.
Haz que su vida sea larga y bendecida.

Que yo llegue a ser una mayor bendición
    para él(ella),
compartir en sus sufrimientos y tristezas,
y capaz de ayudarlo(a) en todos sus cambios
    y caprichos en esta vida.
Haz que a sus ojos siempre me vea bien
y que él(ella) me quiera siempre.
Aléjame de toda pasión y ánimo fuera de
    razón.
Hazme humilde y dadivoso,
fuerte, dedicado, agradecido, prudente y
    comprensivo.
Que siempre disfrutemos el uno del otro
según tu Santa Palabra,
compartiendo ambos de tu Divino Amor.

### Oración de los Estudiantes

Dios de Luz y Sabiduría,
gracias te doy por darme
una mente capaz de saber
y un corazón que puede amar.
Ayúdame a seguir aprendiendo cada día —
no importa cuál sea la materia.
Todo conocimiento lleva a Ti;
déjame saber cómo encontrarte y amarte
en todas las cosas que Tú has hecho.

Aliéntame cuando los estudios sean difíciles
y cuando me sienta tentado a abandonarlos.
Ilumíname cuando mi mente esté torpe

y déjame comprender la verdad que se me
presenta.
Permíteme poner mis conocimientos en uso
para edificar el Reino de Dios en la tierra
para así poder entrar en el Reino de Dios en
los cielos.

## Oración de los Maestros

Señor Jesucristo,
imparte en mí el conocimiento
tanto de temas seculares como religiosos
que me es necesario para mi tarea en la
tierra.
Permíteme tener las calificaciones adecuadas
y la destreza pedagógica
que está en armonía con los descubrimientos
del mundo contemporáneo.
Ayúdame a estar unido a mis alumnos
con los lazos del amor,
y trabajar al unísono con sus padres
para estimular al alumno a actuar por sí
mismos.
Aún después de haberse graduado
permíteme continuar ayudándolos
con mis consejos y amistad.

Concédeme el espíritu apostólico
para dar testimonio,
tanto por mi vida como por mis enseñanzas,
del único Maestro — Tú, Jesucristo.

## Oración de los Viajeros

Señor Dios,
actualmente me encuentro de viaje
en seguimiento de un bien.
Concédeme que pueda viajar con seguridad,
sin inconvenientes ni preocupaciones inde-
bidas,
y por fin lograr la meta que persigo.

Permíteme también recordar
que estoy haciendo otra jornada mucho más
importante —
a través de mi vida.
Protégeme siempre muy cerca de Ti
al viajar por caminos a veces peligrosos
hacia tu Reino en el cielo.

Permíteme seguir tus direcciones
dadas por tu Hijo Jesús
para así poder llegar seguramente a mi destino final
contigo en el cielo.

## Oración de los Desempleados

Querido Señor Jesucristo,
Tu deseaste que todos los afligidos
se llegarán hasta Ti buscando ayuda.
Señor, me siento fatigado
por mi incapacidad de encontrar un trabajo
que me permita ganarme la vida.
Día tras día, mi preocupación y temor crecen

al aumentar los rechazos de mis solicitudes.
Yo puedo y estoy dispuesto a trabajar —
pero no puedo encontrar un trabajo decente.
Te ruego que me ayudes a obtenerlo pronto
para poder mantenerme y mantener mi familia
en forma honrada.
Si es tu voluntad que aún espere más,
permíteme al menos no preocuparme tanto
y aprovechar el tiempo disponible
para acercarme más a Ti.
Déjame comprender que existen otras formas
para traer tu Reino a la tierra
además de un trabajo asalariado.
Ayúdame a usarlas
para poder continuar desarrollándome como
  persona,
para tu mayor gloria.

## Oración de los Viudos y Viudas

Señor Jesucristo,
durante tu vida terrenal mostraste tu compasión
por quienes han perdido un ser amado.
Vuelve hacia mí tus ojos compasivos
por la pérdida que he sufrido del com-
  pañero(a) de mi vida.
Llévalo(a) a tu Reino celestial
en recompensa a sus servicios en esta tierra.
Ayúdame a hacer frente a mi pérdida

confiando en Ti más que nunca antes.
Enséñame a adaptarme a las nuevas condiciones de mi vida
y continuar haciendc tu voluntad según la veo.
Capacítame para evitar sustraerme de la vida
y ayúdame a entregarme a los demás,
para así continuar viviendo en tu gracia
y hacer la labor que has designado para mí.

### Oración de los Obreros

Señor, Creador nuestro,
Tú impusiste el deber sobre todos los seres humanos
de trabajar unidos para edificar el mundo.
Ayúdanos a desarrollar la tierra
con el trabajo de nuestras manos
y con la ayuda de la tecnología
para que así pueda dar frutos
y convertirse en morada digna de toda la familia humana.
Al hacerlo
o tomar parte consciente en la vida de los grupos sociales
estamos llevando adelante tu plan
manifestado desde el principio de los tiempos
que debemos dominar la tierra,
perfeccionar la creación,
y desarrollarnos nosotros mismos.
Déjanos comprender que
también obedecemos las órdenes de Cristo

de ponernos al servicio de los demás,
para obtener un mundo más humano,
por Jesucristo tu Hijo,
en la unidad del Espíritu Santo.

### Oración de los Jóvenes

Señor Jesús,
Tú siempre mostraste gran amor por los
  jóvenes
y el Evangelio está lleno de episodios
sobre los jóvenes —
los niños en general y el hijo del centurión,
el joven rico y la hija de Jairo.

Te suplico que derrames sobre mí tu gracia
para que me ayude en mi crecimiento
y en mis años de formación.
Permíteme aprovecharme de todas las cosas
  buenas
evitando al mismo tiempo las muchas tram-
  pas de esta edad.

Concede que yo pueda seguir siempre
el ejemplo de tus Santos jóvenes,
permaneciendo dedicado a Ti.
Al mismo tiempo, permíteme crecer
y llegar a ser el adulto
que Tú quieres que yo sea,
para así llevar a cabo mi vocación en la vida
para mi propio bien y el de los demás
así como para tu honor y gloria.

**ORAD SIEMPRE — EN CUALQUIER ESTADO DE ÁNIMO** — Los estados de ánimo ofrecen oportunidades siempre frescas para la oración. Aprender a orar según nuestro estado de ánimo nos dará una fuente inextinguible de oraciones y nos ayudará a mantenernos unidos a Dios.

40

# ORACIONES PARA DIFERENTES ESTADOS DE ÁNIMO

*El estado de ánimo es algo que siempre está con nosotros en todos los momentos de nuestras vidas. En todo momento tenemos uno u otro estado de ánimo, por la sencilla razón de que somos seres humanos. Está sección se dedica para mostrar cómo orar según un estado de ánimo en particular que podamos tener en cualquier momento dado.*

*Naturalmente, los estados de ánimo más negativos se prestan por sí mismos más fácilmente a la oración — porque sabemos que necesitamos ayuda para salir de ellos. El valor de dicha oración es que nos pone en contacto con Dios y nos saca de nosotros mismos — aunque sea sólo por unos instantes. Al mismo tiempo, nos da ayuda en algún momento particularmente difícil de nuestra vida cotidiana. Finalmente, a veces disipa de inmediato el estado de ánimo negativo.*

*En las oraciones dadas más adelante también están representados los estados de ánimo positivos — momentos de gratitud, de júbilo, de visión interior mística, serenidad y éxitos. El valor de dicha oracíon es que impide que nos olvidemos de Dios cuando las cosas están saliendo bien y nos recuerda que todo lo que tenemos es importante solo en cuando Dios es parte del todo. Manteniéndonos siempre conscientes de nuestra meta final.*

*De más está decir que hay muchos otros estados de ánimo que pudieran estar representados por las oraciones. Aquellos que hemos incluido aquí se han elegido por su atracción más o menos universal. Estos pueden actuar como modelos en la composición de oraciones para otros estados de ánimo y nos pueden hacer adquirir el hábito de orar en todos los estados de ánimo que podamos tener durante nuestras vidas.*

## Oración en Momentos de Ira

Señor Jesús,
hay ira en mi corazón
y no puedo arrancarla.
Se que debo calmarme;
y ofrecerte mis agravios y mis desencantos
pero mis emociones son más fuertes que yo.
Ayúdame a vencer mis debilidades
y otórgame paz en mi corazón y en mi mente.
Déjame aprender de la experiencia
y desarrollarme como un ser humano mejor.

## Oración para un Mal Estado de Ánimo

Padre celestial,
me desperté esta manaña con un mal estado
    de ánimo,

y hasta el momento no he podido despren-
derme de él.
Todo me molesta
y todo me contraría.
Tal parece que no puedo volver en mí mismo.
Ayúdame a pensar en tu salvación —
tus infinitos dones y extraordinario amor por
mí.

Permíteme relajarme y olvidar los problemas
de la vida
poniéndome totalmente en tus manos.
Concede que pase pronto este mal estado de
ánimo
y pueda regocijarme de nuevo en tu amor
y comunicarme con los demás.

## Oración en Momentos de Cambios

Dios eterno e inmortal,
estoy involucrado en un gran cambio en mi
vida
y eso me altera mucho.
Yo sé que para nosotros las criaturas
el cambio es una señal de vida,
pero aún me es difícil aceptarlo.
Permíteme ver tu mano en todo ello,
consumando sutilmente tus planes para mí
y permitiéndome acercarme más a Ti.
Hazme apreciar los muchos aspectos buenos
de un cambio
y que aprenda a vivir con sus lados malos.

Enséñame a ser flexible y adaptable a cualquier cambio,
haciéndome consciente de que una vez
que cesen los cambios para mí,
ya no estaré viviendo en esta tierra.

## Oración en Momentos de Controversias

Señor Jesucristo,
estoy involucrado en una controversia amarga
en la que es muy difícil decir quien tiene la
razón y quien no.
No comprendo por qué ocurren estas cosas
entre personas que tratan de vivir cristiana-
mente,
y ojalá no estuviera involucrado en ella.

Permíteme comprender que las controversias
son parte de la vida
y que aún tu vida misma estuvo llena de ellas.
Ayúdame a aceptar lo que venga con un espíritu de resignación
y enséñame a ser mejor con esta experiencia.
Concede que pueda resolver la controversia
en forma cristiana
y llevar a otros hasta Ti a causa de ella.

## Oración en Momentos de Críticas

Señor Dios,
soy blanco de duras críticas
por parte de los demás
y no se como reaccionar ante ello.

Ayúdame a saber qué debo hacer
y seguir adelante sin temor ni vacilación.
Permíteme no temer a nada excepto serte infiel
mientras que evito la amargura, ponerme a
la defensiva o tratar de vengarme.

Concédeme tener la fortaleza moral
para mantener mi calma y mi fe en mí mismo
porque están basadas en Ti.
Si merezco las críticas, permíteme comprenderlo
para así cambiar mi modo de actuar.
Si no las merezco,
entonces permíteme aceptarlas sin quejarme,
imitando a tu Hijo, nuestro Señor Jesucristo.

## Oración en Momentos de Decisión

Señor Dios, Rey del cielo y de la tierra,
me enfrento a una decisión difícil en mi vida
y no se qué camino seguir.
Me has otorgado el poder asombroso de
elegir libremente
así como la inteligencia para escoger sabiamente.
Inspírame para tomar la decisión correcta
no importa cuál sea.

Déjame ponderar cuidadosamente las razones
en todos los lados
desde un punto de vista humano
y luego confiar en tu gracia para una ayuda
Divina.

Una vez que la decisión haya sido tomada
no permitas que me retracte de ella,
con el firme conocimiento de haber hecho mi
  parte
y tomado la decisión correcta ante tus ojos.

## Oración en Momentos de Desesperación

Señor Dios,
se que estoy cerca de la desesperación.
Me siento tan tentado de darme por vencido,
de dejar la vida y la religión
y dejar sencillamente que el mundo me ar-
  rastre.
Todo parece tan sin importancia
y nada atrae mis mejores instintos.
Ayúdame a recordar que Jesús dió significado
a todo en el mundo.

Déjame aferrarme a eso
para pasar estos momentos de desesperación,
para creer realmente en lo más profundo de
  mi ser
que existe una razón para seguir viviendo.
Muéstrame la razón de mi vida
y dime qué debo hacer.
Hazme comprender que nunca estoy solo,
sino que Tú estás conmigo aún en lo más
  hondo de la desesperación.
Recuérdame que no importa lo que ahora
  me esté sucediendo,

pues un júbilo eterno me aguarda en el futuro
si me aferro a Ti
y a tu Hijo Jesús en la unidad del Espíritu
Santo.

## Oración en Momentos de Duda

Señor Jesús,
creo que Tú eres el Hijo de Dios
y el Salvador del mundo.
A veces las dudas me asaltan,
confundiéndome y asustándome.
Yo sé que ello se debe a que aún caminamos
en las sombras de la fe mientras estamos en
la tierra,
confiando en el testimonio de quienes han
visto y creído.
Mas a pesar de ello me siento afectado hasta
cierto punto
y estremecido por tales dudas.
Hazme comprender que nuestras dudas son
el precio que debemos pagar
para el cumplimiento del universo en Cristo
y las condiciones mismas de ese cumplimiento.
Debemos estar preparados para seguir hasta
el final
a lo largo de un camino en que cada paso
nos da mayor certidumbre,
hacia horizontes que están siempre envueltos
en brumas.

Mientras tanto damos frutos dignos de nuestra nueva vida,
como son la caridad, el júbilo y el servicio a
   los demás.
Al hacerlo nos convertimos para los demás
en señales vivas del poder de la resurrección
   de Cristo
que el Espíritu Santo promueve en la Iglesia.

## Oración antes de Conducir

Querido Señor,
voy a entrar de nuevo
en una de las más asombrosas invenciones
de la mente del hombre,
al cual diste tanta inteligencia.
Sin embargo, como toda invención y adelanto humanos,
tiene un aspecto negativo —
el riesgo de peligros y aún la muerte
si usado mal por accidente o deliberada-
   mente.
Ayúdame a comprender la responsabilidad
   que tengo
al entrar y sentarme detrás del volante.
Permíteme conducir a la defensiva,
obedeciendo las reglas con cuidado y
   presteza
evitando el menor acto de descuido.
Frena mi ira cuando me vea en peligro
por el descuido de otros choferes

y ayúdame a guardar mi equilibrio.
Haz que mis reflejos sean rápidos
y mi vista segura
para poder reaccionar ante cualquier situación que surja
y llévame con salud (y a mis pasajeros)
hasta mi lugar de destino.

### Oración en Momentos de Aridez Espiritual

Querido Señor,
me siento hundido en un momento de aridez espiritual.
Me pareces estar tan lejos de mí
que ni siquiera puedo rezar.
Me siento privado de todos los consuelos sensibles
que facilitan la oración y la práctica de las virtudes.
Sin embargo, deseo orar
y quiero permanecer cerca de Ti.

Déjame comprender la verdad del axioma tan conocido:
cuando pensamos que Dios está más lejos de nosotros,
es cuando El se encuentra más cerca.
Haz que aumente mis esfuerzos en la oración
aún si pienso que son inútiles.
No dejes que me desaliente
y ayúdame a permanecer unido a Ti.

Concédeme que pueda recuperar mi amor
   por la oración
y crecer en mi relación contigo,
tu Hijo Jesús y el Espíritu Santo.

### Oración en Momentos de Economicos Difíciles

Señor Dios,
hoy es sintomático en nuestra vida diaria
que la economía juegue un papel importante
   en ella.
La gente trabaja celosamente por un salario
para así adquirir las necesidades de la vida
para ellos y para sus familias.
Así mismo trabajan por alcanzar lo que llaman los lujos de la vida,
por la oportunidad de tener más tiempo des-
   ocupado
y desarrollarse en más formas,
y por mantener su estilo de vida en particular.

En este momento me encuentra en malas
   condiciones económicas.
Tal parece que no puede ganar bastante
para cuidar de mí y de mi familia.
Te lo ruego, ayúdame en esta situación de
   peligro.
Enséñame a vivir dentro de mis medios
mientras que al mismo tiempo me esfuerzo
   por aumentar esos medios.

No permitas que jamás me desaliente
sino que continúe trabajando.
Sobre todo, inspírame para buscar ante todo
   tu Reino
sabiendo que todo lo demás me será dado
   por añadidura.

### Oración en Momentos de Fracaso

Señor Jesucristo,
acabo de experimentar la desdicha
de fracasar en cierta empresa,
y me siento anodadado ante ello.
Te ruego me concedas tu gracia
en estos momentos difíciles.
Permíteme comprender que aquellos que
   usan su talento
nunca fracasan ante tus ojos.

Además, te suplico me ayudes a ver
que Tú utilizas nuestros fracasos
para hacernos crecer como mejores personas
y seguidores más dedicados a Ti.
Permíteme recordar que todo bien proviene
   de Ti,
lo cual me señala que debo trabajar
como si todo dependiera de mí,
pero rezar como si todo dependiera de Ti.
Entonces, si hay un fracaso, hay razón para
   ello.
Ayúdame a buscar y hallar esa razón
y vivir de acuerdo con ella.

## Oración de un Corazón Agradecido

Dios todopoderoso,
te doy gracias desde el fondo de mi corazón
por esta cosa maravillosa que me ha sucedido.
Yo se que es el resultado de tu bondad para
　　conmigo
y ruego por que yo la acepte como debo.
En un mundo lleno de tantos sufrimientos y
　　momentos tristes
soy muy afortunado de ser bendecido de esta
　　forma.
Te ofrezco mi gratitud más sincera
y prometo permanecer unido contigo
en los buenos y malos tiempos.

## Oración en Momentos de Nostalgia

Señor Jesucristo,
hoy me encuentro lejos de mi hogar y de mi
　　familia
y me siento muy afligido por la nostalgia.
Aunque me es importante y está bien estar
　　lejos
echo de menos a mis seres amados
y mi ambiente de familia.
Ayúdame a comprender que los verdaderos
　　cristianos nunca están solos —
porque su familia espiritual está siempre con
　　ellos:
Tú, el Padre, y el Espíritu Santo.

Déjame dedicarme una vez más a Ti en el
   día de hoy,
venciendo así este sentimiento tan humano
   que me acoge.
Luego ayúdame a regresar a mi hogar
con un mayor aprecio por mi familia
y por todo aquello que he recibido de Ti.

### Oración en Momentos de Irritación

Señor Dios,
me siento lleno de irritación
por hechos que han sucedido,
y ello me ha llevado a una impaciencia general contra todo.
Me siento infeliz con mi suerte
y con aquellos que me rodean.
Ayúdame a vencer este sentimiento
y a cultivar una sensación de paciencia.

Restaura en mí una sensación de oración
y de confianza total en Ti,
y permíteme aceptar todo lo que venga
con verdadera ecuanimidad cristiana.
Porque después de esta vida
Tú has reservado para tus hijos
un júbilo de inimaginables proporciones.

### Oración en Momentos de Celos

Señor Jesucristo,
me siento atrapado en una red de los celos
que me acompaña día y noche.

Ayúdame a alejarme de este mal
que tu Palabra nos dice
"que es la carie de los huesos" (Prov. 14:30)
y que abrevia nuestros días (Eclo. 30:24).
Hazme recordar también los males
a que lleva si no se controla:
la difamación, la calumnia, el odio,
las relaciones perjudicadas,
las persecuciones y aún cosas peores.
Déjame recordar constantemente los motivos
    para querer a los demás
más bien que sentir celos de ellos.
Recuérdame el carácter inconstante
de todos los accesorios y éxitos de la vida
y del hecho que la felicidad verdadera
descansa en estar unido muy de cerca a Ti
y con todos los demás en Ti.

### Oración en Momentos de Júbilo

Señor de toda bondad,
me siento abrumado por el júbilo en este mo-
    mento,
por los felices eventos que han ocurrido
o sencillamente por la forma en que Tú nos
    has hecho.
El mundo me parece un lugar glorioso
y todos los cuidados de la vida lejos de mí.
Gracias te doy por permitir tales momentos
    en nuestras vidas
y darnos así una ojeada de la eternidad.
Se que este sentimiento tan grande segura-
    mente habrá de pasar

y que de nuevo me enfrentaré
con los problemas y cuidados de la vida diaria.

Déjame comprender que el júbilo verdadero
nunca pasa,
porque es el don de tu Espíritu
hecho posible por la acción salvadora de tu
Hijo Jesús.
Manténme en tu gracia
para que nunca pierda esa virtud interior de
júbilo
aún cuando la experiencia externa de júbilo
haya quedado atrás.

## Oración en Momentos de Soledad

Señor Jesucristo,
me siento afligido por un ataque de soledad.
Repentinamente me siento totalmente solo,
sin nadie en el mundo.
Es una sensación terrible, Señor;
ayúdame a vencerla.
Permíteme comprender que en verdad yo
nunca estoy solo
si estoy unido a Ti —
porque Tú siempre estás conmigo.

Al mismo tiempo, recuérdame que también
yo necesito de los demás,
pues soy un ser sociable.
Y que hay muchas personas que Tú has
traído a mi vida
para ayudarme en mi jornada a la eternidad.

Enséñame a ver que nos necesitamos unos a
   otros
si es que vamos a seguir adelante con nuestras vidas
y completar las labores que Tú nos has encomendado.

## Oración for una Actitud Amable

Señor Jesucristo,
Tú diste tu vida por amor a toda la gente
y alentaste tus seguidores
a hacer el bien por los demás.
Por muchos años los cristianos han encon-
   trado difícil hacerlo
y yo no soy una excepción.
Trato, pero es tan difícil
tener una actitud amable para todos —
y luego me siento hipócrita clamando que te
   sigo.
Ayúdame, querido Señor, para creer realmente
que el amor cristiano es la energía más
   grande en el mundo.
Permíteme ver que esto no es una emoción
sino la actitud central de nuestro ser —
una actitud de servicio hacia los demás en tu
   Nombre.
Este es el resultado de tu gracia,
y nos impulsa a desear solamente cosas buenas para los demás
como imágenes de Dios.

Concédeme que pueda siempre esforzarme
  por alcanzar esta actitud
y obtener así la noble vocación para la que
  fuí llamado.

## Oración en Momentos
## de Discernimiento Místico

Señor Jesucristo,
de vez en cuando Tú me permites el gran don
de un discernimiento místico inspirador
en algunos aspectos de la Fe Cristiana.
Puede suceder en la iglesia o viajando en un
  omnibus,
caminando por la calle o sentado en mi casa.
Invariablemente, me llena de júbilo
pensar en tu infinito amor por mí.

Gracias te doy, querido Señor,
por haberme creado,
redimido y hacerme cristiano.

## Oración en Momentos de
## Desastres Naturales

Señor Dios,
hoy ha sucedido una catástrofe
que me ha entristecido grandemente.
Ese mal causa un problema para toda la gente
y te ruego que me ayudes a aceptarlo
de la mejor forma que pueda.
Yo sé que el crecimiento ocurre sólo con ries-
  gos,

y que necesariamente lleva consigo algún
mal.
Déjame recordar siempre el bien que Tú nos
tienes reservado,
que compensará con creces el mal que ahora
sufrimos.
Ayúdame a ponerme en tus manos
y aceptar todo daños que pueda sobrevenir
con el firme conocimiento
que ellos me llevarán
más seguramente a Ti.

### Oración por un Sentido del Humor

Señor Jesucristo,
por alguna razón algunos cristianos parecen
carecer
del sentido del humor.
Están tan abrumados por la gravedad de
todas las cosas
que están perpetuamente tensos
y pensando sólo en cosas serias.
Ayúdame a cultivar el sentido del humor
y usarlo en otros y en mí mismo.
Déjame comprender que el humor es también creación tuya
y que una sonrisa es una de las grandes bendiciones de la vida.
Enséñame a recalcar el lado positivo de la vida
y a desarrollar un buen sentido del humor.

## Oración en Momentos de Serenidad

Señor eterno,
no es con frecuencia sino de vez en cuando
que experimento una gran sensación de
    serenidad.
En esos momentos me siento muy cercano a
    Ti,
feliz con mi vida
y dispuesto a hacer todo lo que se me pida.
Comprendo que esos son momentos de con-
    suelo de los sentidos
y que dicho consuelo no puede durar —
pero es una experiencia muy agradable.

Concédeme la gracia de permanecer tan
    unido a Ti,
aun cuando me vea privado de dicho consuelo.
Déjame aprender a concentrarme en lo que
    es importante,
en mi relación contigo,
para poder dar testimonio de Ti
en todos los momentos de mi vida.

## Oración en Momentos de Insomnio

Señor Jesucristo,
durante tu estancia en la tierra
muchas veces estuviste sin dormir
y pasaste noches enteras en oración.
Pero muchas otras veces Tú dormiste.
Tal parece que todas estas noches
me es imposible conciliar el sueño

y ni siquiera puede rezar.
Te lo ruego, cúrame de esta enfermedad, Señor,
porque necesito desesperadamente dormir
   realizar mi trabajo
y comportarme como un ser humano agradable
así como para actuar en forma cristiana.
Permíteme dormir bien toda una noche
o, por lo menos, pasar el tiempo orando.

## Oración en Momentos de Éxito

Querido Señor,
has sido tan amable que me has permitido
   obtener un gran éxito.
Humildemente te doy las gracias por tu ayuda
y espero continuar recibiéndola.
No permitas que jamás olvide que sin Ti
no hubiera logrado nada.
Cierto, he usado mi talento
pero fuiste Tú quien me lo dio,
y también el impulso para usarlo.

Permíteme esforzarme siempre por utilizar
   mi talento
en la mejor forma posible —
bien que logre alcanzar el éxito o no.
Porque de esta forma estaré alcanzando la
   meta
que Tú me has fijado
y convirtiéndome en el ser que Tú quieres
   que yo sea.

## Oración por la Virtud de la Temperancia

Señor Jesucristo,
tiendo a sobrepasarme en todo.
Cuando me comprometo en algo
me hundo a fondo en ello de tal forma
que me olvido de todo lo demás.
Dame un espíritu de temperancia
para mantener mi equilibrio en todo —
sea al dormir, pensar o trabajar,
jugar, visitar o ir de fiestas.
Déjame comprender que todo lo que haga
debo hacerlo por Ti —
¡y debo hacerlo con moderación!

## Oración en Momentos de Cansancio

Señor Dios,
me siento abrumado por el cansancio y la
    fatiga
tanto de cuerpo como del espíritu.
He estado trabajando el doble durante largo
    tiempo
y comienzo a sentir sus efectos.
Déjame tomarlo como una señal de mí mismo
de que debo aminorarlo,
dejar a un lado pequeños proyectos
y eliminar los detalles superfluos.
Ayúdame a no esperar hasta ser demasiado
    tarde.
Enséñame cómo continuar sirviéndote
con un programa menos agitado
y a llevar una vida más descansada.

**ACUDIR A LA ORACIÓN EN LA ENFERMEDAD Y LOS SUFRIMIENTOS** — Cuando todo lo demás nos falla, siempre podemos contar con la oración. Sabemos que Dios desea ayudarnos y siempre aliviará los males espirituales mientras que también a veces elimina los males materiales. Todo lo que es necesario hacer es pedir con fe.

## ORACIONES EN MOMENTOS DE ENFERMEDAD Y SUFRIMIENTOS

*Los cristianos siempre han considerado la enfermedad y los sufrimientos como la mejor forma en que podemos imitar al Señor Jesucristo. Cuando nos enfermamos, se descontrola totalmente nuestra vida diaria y nuestros planes acostumbrados de trabajo y nos hace experimentar una soledad y dependencia de los demás, así como el carácter frágil de nuestras vidas. También se nos ha llamado a vivir estos momentos en la fe.*

*Mientras luchamos contra el mal para vencerlo, nuestro Señor nos llama para que unamos nuestros sufrimientos con los de El para así colaborar con El en nuestra salvación. Muchas veces El no nos libera de la enfermedad pero hace algo mucho mayor. Da significado a nuestros sufrimientos y abre nuestros corazones a la esperanza.*

*Para poderse unir a sí mismos con Cristo los enfermos deben acudir a la recepción de los Sacramentos (Unción de los Enfermos, Penitencia y la Eucaristía), así como las oraciones privadas. Sin embargo, en esos momentos es difícil orar. Es por esta razón que se ha incluído aquí esta sección. En ella se ofrecen oraciones e ideas para oraciones que pueden ser dichas por los enfermos mismos.*

*Las oraciones están dedicadas para inspirar los enfermos a utilizar bien el retiro temporal de sus vidas regulares, de la misma forma que San Ignacio de Loyola que aprovechó su enfermedad para cambiar de vida y acercarse a Dios, y Margarita de Cortona quien aprovechó sus sufrimientos para hacer lo mismo.*

## Oración por Resignación en el Sufrimiento

Misericordioso Dios de vida,
hacia Ti elevo mi corazón en mis sufrimientos
y te ruego que me des tu ayuda reconfortante.
Se muy bien que Tú eliminarías las espinas de esta vida,
si yo pudiera alcanzar la vida eterna sin ellas.
Por ello me entrego a tu misericordia,
resignándome a este sufrimiento.

Concédeme la gracia de padecerlo
y ofrecértelo junto con tus sufrimientos.
No importa qué sufrimientos puedan sobrevenirme,
déjame siempre confiar en Ti.

## Oración para Aceptar el Sufrimiento

Señor mío Jesucristo,
yo creo … que nada grande puede hacerse
sin sufrimientos, sin humillación,
y que todo es posible mediante ello.
Creo, Dios mío,
que la pobreza es mejor que la riqueza,
el dolor mejor que el placer,
la obscuridad y el desprecio que la fama,
la ignominia y el reproche mejor que el
    honor.…

Querido Señor,
aunque estoy tan débil
que soy incapaz de pedir más sufrimientos
    como un don,
y carezco de las fuerzas para hacerlo,
al menos pediría de tu gracia
de enfrentar bien los sufrimientos,
cuando Tú en tu sabiduría me los impones.
*Cardenal Newman*


## Oración Ofreciendo los Sufrimientos

Señor de todo,
Tú me creaste
y amoroso me has cuidado.
Acepto todos mis sufrimientos con la mayor
    voluntad,
y como verdadero hijo obediente
me resigno a tu santa voluntad.

Concédeme las fuerzas para aceptar generosamente
tu visita amorosa,
y no me permitas nunca afligir tu fiel
corazón
cediendo ante la impaciencia y el desaliento.

A Ti ofrezco todas mis penas;
y para que te sean aceptables
y fruto para mi salvación
las uno con los cruentos padecimientos
de tu amado Hijo Jesús.

### Otra Oración de Ofrecimiento del Sufrimiento

Mi Divino Salvador, Jesús,
Tú me amaste a tal grado
que sufriste y moriste por mi salvación.
Por el amor que te tengo,
te ofrezco gustosamente en tu honor
todo lo que he sufrido en el pasado,
y ahora estoy sufriendo,
o sufriré en el futuro.

Esta es la base y el motivo
del amor que me anima.
Tu amor me permite sufrir con alegría.
Deseo sufrir porque Tú sufriste

y porque es tu voluntad que yo sufra,
pues te amo más que a mí mismo.

*Santa Gertrudis*

## Oración para Sufrir en Unión con Jesús

Querido Jesús,
por amor a Ti
deseo sufrir sobre todas las cosas,
porque por amor a mi
Tú padeciste cruentos sufrimientos.

O Jesús mío,
yo uno mis dolores con los que Tú padeciste
y los ofrezco todos
a tu Padre eterno.
O mi Jesús,
dame de la abundancia de tus dones divinos
las virtudes de mansedumbre y paciencia,
para que yo pueda llevar voluntariamente
mi cruz en pos de Ti.

## Oración para Sufrir en Silencio

Señor Jesucristo,
concédeme la gracia de ser amable y gentil
en todos los hechos de mi vida.
Déjame ponerme a un lado
y pensar sólo en la felicidad de los demás.

Enséñame a esconder mis pequeñas penas y
desencantos
de modo que sea tan solo yo quien sufra por
ellos.

Déjame aprender del sufrimiento que debo
padecer.
Que pueda usarlos de modo que
sea más manso en lugar de amargarme,
más paciente en lugar de irritable
y más indulgente en vez de altanero.

## Oración de Aceptación de las Enfermedades

Querido Señor,
deseo aceptar esta enfermedad de tus manos
y resignarme a tu voluntad,
sea para darme vida o la muerte.
Ayúdame a ser fiel a mi deseo
y dame el valor para cumplirlo.

## Oración para Pedir Ayuda al Estar Enfermo

Señor Jesucristo,
Hijo de Dios encarnado,
por nuestra salvación
fue tu voluntad nacer en un establo,
y padecer pobreza, sufrimientos y penas

durante tu vida,
y finalmente morir cruentamente en la Cruz.
Te suplico que intercedas por mí ante tu
    Padre:
"Padre, pérdonalo(la)."
En el momento de mi muerte, dime:
"Hoy estarás conmigo en el paraíso."
Y permíteme entregarme a tu misericor-
    dia:
"En tus manos encomiendo mi espíritu."

## Oración para Recuperar la Salud

Sagrado Corazón de Jesús,
vengo hasta Ti para pedirte el don de recu-
    perar mi salud
para así poder servirte más fielmente
y amarte más sinceramente que en el
    pasado.
Deseo estar bien y fuerte
si esa es tu voluntad
para darte mayor gloria.

Por otra parte, si es tu voluntad
que mi enfermedad continúe,
deseo sufrirla con paciencia.
Si en tu divina sabiduría
recupero la salud y mis fuerzas,

me esforzaré por mostrar mi gratitud
rindiéndote servicios constante y fielmente.

### Oración para Amar a Dios Mas Que la Salud

Dios todopoderoso,
me diste salud y yo te olvidé.
Me la quitaste y he vuelto a Ti.
Qué bondadoso Tú eres en quitar los dones
que se interpusieron entre Tú y yo.

Quita todo aquello que impide mi unión contigo.
Todo es tuyo —
dame las comodidades, el éxito y la salud
de acuerdo con mi bien real.
Suprime todo aquello
que desplace mi posesión de Ti
para que así pueda ser tuyo por completo
en todo momento hasta la eternidad.

### Oración al Acercarse la Muerte

Bendito y glorioso Creador,
Tú me has alimentado toda mi vida

y me has redimido de todo mal.
Es tu divina voluntad
llevarme de esta vida frágil
y secar las lágrimas de mis ojos
y las penas de mi corazón.

Humildemente consiento con tu Divino plan
y me encomiendo a tus manos sagradas.
Estoy listo, querido Señor,
y aguardo expectante el placer de estar junto
   a Ti.
Ven rápidamente y recibe a tu siervo
que confía completamente en Ti.


## Oración de Consuelo con la Palabra de Dios

No temas ni te desanimes,
porque contigo está el Señor, tu Dios,
dondequiera que vayas. (Jos. 1:9)

— El Señor es mi pastor, nada me falta …
No temo mal alguno, porque Tú estás conmigo. (Sal. 23)

— El Señor es mi luz y mi salvación,
¿de  quién podré tener miedo?
El Señor es baluarte de mi vida,
¿de quién habré de temer? (Sal. 27)

— Dios es nuestro refugio y nuestra fortaleza,
una ayuda muy asequible en las tribula-
ciones …
El Señor de los ejércitos está con nosotros,
el Dios de Jacob es nuestra roca. (Sal. 46)

— Bendice, alma mía, al Señor,
y no olvides ninguno de sus favores.
El perdona todas tus faltas,
y sana todas tus dolencias. (Sal. 103)

— Llevaban a Jesús todos que padecían
de diversas males, enfermedades y dolores:
endemoniados, lunáticos y paralíticos,
y los curaba. (Mat. 4:24)

— Vengan a Mí todos ustedes
que están cansados y agobiados,
y Yo les daré descanso. (Mat. 11:28)

— Yo estaré con ustedes siempre,
hasta la consumación del mundo. (Mat.
28:20)

— Yo soy el pan vivo bajado del cielo.
Si alguno come de este pan, vivirá para
siempre;
y el pan que Yo le daré es mi Carne
por la vida del mundo. (Juan 6:51)

— Yo he venido para que tengan vida,
y la tengan en abundancia. (Juan 10:10)

— Yo soy la resurrección y la vida;
el que cree en Mí, aunque muere, vivirá;
y todo el que todavía está vivo y cree en Mí,
no morirá jamás. (Juan 11:25-26)

— No dejen que se angustie su corazón.
Confien en Dios; confien también en Mí.
(Juan 14:1)

**ORACIONES DURANTE LAS FESTIVIDADES Y VACACIONES** — El esfuerzo dedicado por mantener una vida activa de oración durante las festividades y vacaciones pagará ricos dividendos. Nuestras oraciones harán que nuestras vacaciones sean más beneficiosas y nuestras festividades tengan mayor significado.

74

# ORACIONES PARA LAS FESTIVIDADES Y VACACIONES

*No importa cómo puede parecer a veces, la vida del ser humano no es un largo período de trabajar sin descanso y de luchas. Nuestro compasivo Creador ha intercalado en él períodos de descanso y recuperación. El ritmo de trabajo-descanso-sueño que vemos en nuestra vida cotidiana también lo podemos ver anualmente en mayor escala. A los períodos mayores de descanso se les llama festividades y vacaciones.*

*Durante estos momentos los cristianos tienen una oportunidad inmejorable para refrescarse de la lucha continua por la vida. Son momentos de un nuevo despertar, de aprender, viajar y de placer que restauran nuestras energías y nuestro deseo de vivir. Por tanto, es de gran importancia que durante esos momentos no perdamos nuestro impulso espiritual y descuidemos nuestras prácticas devocionales.*

*En los días de fiesta y en las vacaciones debemos hacer un esfuerzo especial por mantener nuestra vida de oraciones de modo que también podamos renovarnos espiritualmente. Como nuestros planes durante este tiempo quedarán fuera de lo usual y quizás podamos hallarnos en un medio ambiente diferente, es probable que sea difícil mantener nuestra vida de ora-*

*ciones. Sin embargo, si dedicamos algunos momentos para reflexionar, nos veremos grandemente bendecidos y renovados espiritualmente al regresar a nuestra vida normal.*

*El propósito de esta sección es ofrecer temas e ideas para las oraciones que estarán de acuerdo con las festividades y vacaciones. El punto básico es que nuestra unión con el Padre y con Jesús en el Espíritu Santo nunca va de vacaciones. Puede cambiar de dirección y aún sufrir una adaptación, pero siempre debe permanecer sólida y fructífera. Una vez más, las oraciones que verán aquí son sólo una indicación y pueden fácilmente dar lugar a otras que estarán más acordes con las circunstancias personales de cada individuo.*

## Oración para el Día de Año Nuevo

**J**esús, Tú eres el Señor de la historia,
y tu maravillosa redención nos llega
en un ciclo de tiempo — año tras año.
Ahora ha pasado otro año
y un año nuevo va a comenzar.
Una mirada retrospectiva nos dice
que el año pasado tuvo sus puntos buenos
como también los tuvo malos.
Ojalá que el nuevo año traiga muchas cosas
    buenas para mí

y haga de mí una persona mejor:
más amable y más deseosa de ayudar,
más preocupada por otros y amante de los
demás.
Que yo pueda cumplir con la labor que se me
ha asignado
y acercarme más a Ti
mientras espero estar en la eternidad contigo.
Gracias, Señor, por esta extensión de tiempo
que bondadosamente me has dado
en mi jornada hacia tu reino celestial.

## Oración en el Natalicio de Lincoln

Dios todopoderoso,
hoy es el aniversario del nacimiento del
Presidente Lincoln,
un hombre que escogiste como instrumento
para liberar la raza negra.
Como Ciro en la antigüedad, Lincoln no
sabía
que tu espíritu obraba en él,
mas él cooperó con tu gracia
y desempeñó la labor que Tú le fijaste.

Enséñame a ver esa misma mano del Espíritu trabajando
en todo ser humano, instrumento o experiencia,

y que yo pueda usar cualquier evento para
  trabajar contigo.
Déjame esforzarme para eliminar el pre-
  juicio en mí
y en el círculo de mis amistades y conocidos.
Pero permíteme asegurarme de que se hará —
usando la hermosa frase de Lincoln —
"sin malicia para nadie
y con caridad para todos."

### Oración en el Día de San Valentín
### (Día de los Enamorados)

Señor del cielo,
eres conocido como el Dios de Amor,
y hoy celebramos a San Valentín —
uno de los patronos humanos del amor.
Enséñame cómo usar el don del amor
que Tú nos das,
y cómo combinarlo con la virtud sobrenatu-
  ral
que Tú nos infundes.
Permíteme amarte sobre todo
en los otros y por Ti.

Hazme fiel a los seres que amo,
leal, dedicado, compasivo e interesado.
Haz que pase por alto las debilidades humanas
y destaque los puntos buenos.
Capacítame para amarlos

no tanto por lo que pueden hacer por mí
como por lo que yo puedo hacer por ellos.

## Oración en el Día del Natalicio de Washington

Querido Jesús,
hoy celebramos el natalicio
del "Padre de nuestra patria."
En medio de muchos peligros y con mucha ayuda,
este hombre hizo de un grupo heterogéneo una nación libre
y nos dejó un legado de verdades.
Ayúdame a comprender que yo formo parte de otro pueblo,
que Tú redimiste con tu sangre:
una raza escogida, una realeza sacerdotal,
una nación santa, un pueblo de Dios.
Manténme fiel a esta imagen,
y hazme disfrutar de la verdad
siguiendo el ejemplo de Washington
y aún más siguiendo tu propio ejemplo,
porque Tú dijiste: "la verdad os hará libres."

## Oración en el Día de Martin Luther King

Señor de todos,
hoy honramos la memoria de un ministro cristiano
quien puso su fe en práctica

para el bien de un pueblo oprimido.
El siguió tus consejos evangélicos de no actuar violentamente
para vencer las prácticas discriminatorias
de los ignorantes y mal aconsejados.

Enséñame a poner mi cristianismo en práctica
en la causa justa, cualquiera que fuere,
y por la libertad de los negros y otras mi-
norías.
Permíteme hacer lo que yo pueda para asegurar que este país,
basado en principios cristianos,
permanezca verdadero a estos principios y
sea verdaderamente
"la tierra de los libres y el hogar de los valientes."

### Oración en el Día de las Madres

Dios todopoderoso,
te has complacido en dar a los seres humanos
la alegría de tener una madre,
una madre que trabaja contigo para darles
vida
y criarlos hasta convertirse en seres adultos.
Tú has dado a los seguidores de tu Hijo
el júbilo adicional de una madre cristiana,
quien trabaja contigo para dar vida sobre-
natural a un niño,

y criarlo hasta convertirse en un adulto cristiano.

Durante los siglos han habido incontables madres como esa —

heroicas, valientes, amantes, dedicadas e inconquistables.

Ellas nos dieron las Eras Cristianas y los Santos Cristianos

y, en análisis final, nos dieron la Fe Cristiana.

Sin ellas no existiría la Iglesia,

ni las vocaciones religiosas, ni hubiera influencia cristiana en el mundo.

Muchas de estas madres el mundo no las ha reconocido;

debiendo contentarse con pocas cosas:

una sonrisa, unas gracias y una prenda de recuerdo.

Sin embargo, ante tus ojos, tienen valor inestimable.

Tu Palabra en la Biblia usa un amor de madre

para describir tu amor avasallador por tu pueblo,

y Jesús usa la imagen de un ave madre

para indicar su amor por su pueblo.

Pero sobre todo, cuando El desea conllevar una idea

del júbilo de aquellos que están en el cielo

lo hace usando la imagen de la alegría pura
de una madre
al traer un hijo al mundo.

Querido Señor,
permíteme honrar a mi madre si vive
y recordarla en mis oraciones si está muerta.
Derrama tu gracia sobre ella y sobre todas
las madres
en este día que le estamos dedicando.

### Oración en el Día de Recordar los Muertos por la Patria

Señor Jesucristo,
hoy honramos la memoria de aquellos hombres y mujeres
que dieron sus vidas por sus compatriotas
en la causa de la libertad.
Ellos trabajaron, pelearon y murieron
por la herencia de libertad, hermandad y honor
que nos han dejado a todos.

Ayúdanos a recordar que Tú mismo
entregaste tu vida por todos los hombres
en la causa de la verdadera libertad —
para salvarnos del egoísmo y del pecado.
Enséñanos el verdadero significado de la paz
y de la libertad,
que la verdadera batalla debe tener lugar
siempre en nosotros mismos

antes de ganarse en las familias y naciones.
Haz que conservemos tu memoria en nuestras celebraciones eucarísticas
y que oremos por la paz y la libertad de todo el mundo.

## Oración en el Día de los Padres

Dios todopoderoso,
Tú nos has dado el maravilloso don de un padre, siguiendo tu ejemplo.
A través de las edades los padres han cuidado de sus hijos
y la mayoría se ha entregado totalmente a sus familias.
Te doy gracias por mi padre:
aunque quizás el no estuviera totalmente
de acuerdo con mi modo de ver las cosas
y con mi género de vida,
yo se que él se preocupa verdaderamente por mí.
Manténlo bien de salud y alma
y si ya él fue hasta Ti,
concédele la felicidad eterna.

Querido Señor,
inspira en todos los padres hacia sus hijos
algunas de las virtudes que Tú tienes para con nosotros.
Que todos los padres cuiden de sus hijos,
mostrando gentileza en sus sentimientos,

iluminen su ignorancia,
y los alienten en sus propósitos buenos,
conduciéndolos así a la verdadera madurez
  cristiana.

## Oración en una Fiesta Nacional

Dios celestial,
Tú me creaste y me hiciste
ciudadano de este país,
por nacimiento (o por naturalización).
Permíteme participar de esta fiesta
con júbilo y gratitud.
Que al renovarme en cuerpo y alma,
también pueda regenerarse mi espíritu.

Hazme tomar esta ocasión
para dedicarme una vez a mi país
y amante mantener sus tradiciones legítimas,
estar dispuesto a obedecer sus leyes,
y mostrar un interés genuino por sus gentes.
Al mismo tiempo, que pueda yo dar testimonio incondicional
de mi fe Cristiana ante mis conciudadanos
y delante de aquellos que aún no son seguidores de Jesús.

## Oración en el Día de la Independencia

Señor Dios,
como los israelitas de la antigüedad,
nuestros ancestros en la fe,
nuestro país tuvo que luchar muy duro

y durante largo tiempo
para ser una nación libre.
También ha logrado el éxito
y ha tenido sus fracasos
tratando de alcanzar sus metas.
Permíteme tomar la celebración de esta fes-
tividad
para ponderar las fuerzas y debilidades de
mi país.
Déjame siempre que haga mi parte para
mantenerlo fuerte
y esforzarme constantemente para eliminar
sus debilidades:
en el campo social, político, económico y re-
ligioso.
Enséñame a meditar en las enseñanzas de tu
Hijo
Quien nos trajo un mensaje de paz y libertad
y nos instruyó a vivir como hermanos y hermanas.
Su mensaje tomó forma en la visión de nuestros fundadores
al formar una nación
donde los pueblos puedan vivir como uno
solo.
Que este mensaje viva en nuestro medio
como tarea para la gente de hoy
y como promesa para el mañana.
Gracias te doy por tus bendiciones en el
pasado,

y por todo lo que, con tu ayuda, lograremos
en el futuro.

## Oración durante las Vacaciones

Querido Señor,
en tu misericordia haz querido
que los seres humanos tengan
períodos de descanso y recuperación
en nuestra larga jornada por la vida.
Este es mi período de descanso este año —
mis vacaciones de los acostumbrados cuidados de la vida cotidiana
y mi momento de renovarme —
física, mental y espiritualmente.

Concédeme que estas vacaciones me traigan
un nuevo saber de las cosas buenas de la
vida,
mayor conocimiento de tu maravillosa y ver-
sátil creatividad,
viajes placenteros por lugares fascinantes,
y descanso genuino que facilita la revital-
ización.
Permíteme recordarte siempre
y mis verdaderas metas en la vida.
Y hazme regresar para continuar mis labores
diarias
con alegría y buena voluntad
y con mis mayores fuerzas y habilidades.

## Oración en el Día del Trabajo

Señor Jesucristo,

es la religión cristiana basada en tus enseñanzas

la que libera al trabajo de su carácter degradante

y lo convierte en algo noble —

tanto es así que ha llegado a asociarse

con lo que llaman la ética en el trabajo,

simbolizado en el principio práctico de San Pablo:

"¡Si alguien no trabaja, que no coma!"

Permíteme comprender que el cristiano trabaja

imitándote a Ti y a tu Padre

de acuerdo con tus palabras:

"Mi Padre ha estado trabajando hasta hoy

y Yo trabajo."

Con el trabajo construimos el mundo,

como se menciona en las líneas de un poema clásico:

"Que Dios bendiga a los nobles trabajadores

que levantan las ciudades en las planicies,

que excavan minas y construyen barcos,

y desarrollan el comercio también.

¡Dios los bendiga, porque sus manos recias

han traído gloria a nuestras tierras!"

Déjame también comprender que el trabajo es bueno,

porque edificar tu Cuerpo en el mundo

hasta tu segunda venida en gloria.

Así todos los seres humanos son llamados a
   trabajar
no importa en qué clase de trabajo —
desde el ama de casa a la secretaria,
desde el maestro hasta el que cava zanjas.
Y, en realidad, no hay diferencia entre los
   trabajadores —
todo trabajo es duro, mas sin embargo nos
   da satisfacción,
es un carga pero al mismo tiempo una
   necesidad psicológica.
Pero sobre todo permíteme comprender
que no importa el trabajo que yo haga,
si dejo de hacerlo
nadie lo hará —
y habrá un retraso en la edificación de tu
   Cuerpo.

## Oración para el Día del Descubrimiento de América

Dios de amor y majestad,
hoy honramos al valiente explorador
que siguiendo tus inspiraciones
abrió un nuevo mundo a todas las gentes.
El combinó la visión humana con la fe divina,
la osadía humana con la esperanza cristiana.

Concédeme la gracia de compartir en las virtudes de Colón,
al igual que participo de los beneficios de sus
   viajes

viviendo en esta tierra que él descubrió.

En mi forma pequeña permíteme también conquistar nuevos mundos

llevando a otros a conocerte a Ti

mediante un testimonio genuino cristiano,

al igual que comparto de los beneficios de su jornada.

### Oración para el Día de las Elecciones

Señor Dios,

en tu infinita sabiduría

diste a los seres humanos el poder

de gobernarse por sí mismos en este mundo.

Aquellos que viven en una democracia

tienen la suerte de tener el privilegio de la autodeterminación

mediante la elección de sus líderes.

Ayúdame a aprovechar plenamente de este privilegio

y que nunca deje de dar mi voto

a la persona más calificada,

recordando que cada voto cuenta.

Permíteme analizar diligentemente las cuestiones y los candidatos

y luego otorgar mi voto a aquel

más de acuerdo con los principios cristianos,

juzgando no tanto por las declaraciones públicas de los candidatos

como por su ejecución profesional en sus cargos.

Ayúdame a hacer la elección correcta
al ir a las urnas hoy,
y envía tu Espíritu
para iluminar y guiar a los que resulten
elegidos.

## Oración en el Día de los Veteranos

Querido Señor Jesucristo,
aquellos que hoy honramos
son ejemplos de tus palabras:
"Amor más grande que éste no hay:
aquel que da la vida por sus amigos."
Ellos dieron sus vidas defendiendo la libertad
para sus seres amados y para su país.

Enséñame a apreciar la virtud del patriotismo —
un amor verdadero y cristiano por el país.
Déjame amar a mi país sin seguirlo ciegamente
sino para hacerlo la tierra de bondad
que debería ser.
Deja que mi patriotismo sea tal
que no excluya las otras naciones del mundo
sino que las incluya en un fuerte amor al
país,
que también tiene lugar para los demás.

## Oración en el Día de Dar Gracias

Padre celestial,
este es el día señalado para darte gracias
por tu inmensa bondad hacia los seres
    humanos.
Tú nos has creado en tu propia imagen
y nos has puesto sobre tu maravillosa
    creación.
Elegiste un pueblo para ser tuyo
y llevar tu mensaje de salvación a todas las
    gentes.
Tú llevaste a cabo la redención en Jesús, tu
    Hijo,
y sus frutos salvíficos pasan a cada gen-
    eración
para todos aquellos que creen
que por su Muerte y Resurrección
Jesús les ha dado una nueva libertad
en su Espíritu.

Permíteme darte las gracias apropiadas
por tus bendiciones —
aquellas de las que me doy cuenta
así como también las que habitualmente doy
    por sentado.
Y permíteme aprender a usarlas según tu
    voluntad.

## CUIDADANOS DEL MUNDO Y DEL PAÍS

Los cristiano comprenden que son cuidadanos del cielo pero también de la tierra — lo cual incluye todo el mundo así como sus propios países. Orar por los demás es una buena forma de asegurar nuestro propio bienstar — tanto temporal como eterno.

## ORACIONES POR EL MUNDO
## Y POR EL PAÍS

*V*ivimos en una época en que el mundo se ha convertido en "una aldea universal." Tan pronto como algo sucede en alguna parte del mundo, se hace saber por la magia de las comunicaciones masivas modernas. De esta forma nuestro conocimiento de los demás se realza y todos los seres humanos se unen cada vez más.

Por tanto, es sólo natural que los cristianos contemporáneos tengan un verdadero interés en todo lo que sucede diariamente en el mundo entero. Ello les ofrece una mejor oportunidad que la que tuvieron sus ancestros para poner en práctica el mandamiento de amor de Cristo — ya que no tienen unos cuantos sino enormes cantidades de personas a quienes pueden mostrar su amor. Ellos poseen una oportunidad dorada de "hacer el bien a todos los hombres" (Gal. 6:10), mediante su interés y con sus oraciones, porque en cierto sentido cada uno de nosotros es un ciudadano del mundo.

Sin embargo, esto no disminuye en forma alguna el apego de los cristianos a sus respectivos países de origen o ciudadanía. Por el contrario, solidifica y agranda ese apego. Ellos tienen una mayor sensación de pertenecer a toda la raza humana — pero *en una parte muy particular, viviendo en una tierra específica con sus propias tradiciones, leyes, costumbres e idiosincracias que también pueden servir de ayuda a aquellos otros viviendo en otras tierras.*

*De aquí que los cristianos pueden orar legítimamente por el bienestar de su país aún cuando oren por el bienestar de todos los países del mundo. Ellos pueden rogarle a Dios que los haga buenos ciudadanos de sus países, al mismo tiempo que miembros destacados de toda la raza humana. Porque en el análisis final estas dos cosas van mano en mano. Esta es toda la fuerza de las oraciones que veremos en esta sección — fomentar un amor por el mundo y por el país propio.*

## Oración por las Agencias Internacionales

Señor Dios,
Tú creaste este vasto y maravilloso universo,
lo redimiste en la sangre de tu Hijo,
y ahora lo guías con tu Espíritu Santo.
Es tu voluntad que vivamos como hermanos
   y hermanas,
edificando el mundo con los maravillosos
   poderes

que Tú, graciosamente, nos has dado.
Mira con bondad los representantes de las
    naciones
reunidos aquí en el día de hoy para el bien
    de todos.
Ilumínalos para que emitan sabias propues-
    tas
según tu voluntad.
Enséñalos a deliberar con honestidad
y con genuino respeto unos por otros.
Ayúdalos a tomar justas decisiones
que redunden en la paz y bienestar
de todas las naciones.

## Oración por las Buenas Relaciones Internacionales

Señor Dios,
ilumina las mentes y abre los corazones
de los estadistas de este mundo,
para que hagan que florezcan
las buenas relaciones entre las naciones.
Manténlos siempre conscientes
de tus principios guiadores
para traer la justicia verdadera
y la paz entre los pueblos.
Deja que tu Espíritu los inspire
en sus deliberaciones
y así traer la armonía al mundo.

## Oración por el Desarrollo Total de Todos los Pueblos así como de los Individuos

Dios todopoderoso,
en tu bondad
Tú has dado a los seres humanos
la capacidad para mejorar su suerte terrenal
aún cuando ellos van en camino hacia Ti por
   la eternidad.
Concede que el progreso verdadero hecho
   hasta hoy
no se detenga, sino que se intensifique
y elimine todos los males naturales que todavía existen.
Otorga las necesidades materiales de los
   necesitados,
aún las necesidades básicas de la vida
así como las necesidades morales de aquellos
   sumergidos en el orgullo.
Permite que todos los pueblos se vean libres
   de la miseria
y hallen una subsistencia y un trabajo
   reparador.
Que todo ser humano sea capaz de hacer,
   saber y tener más
para así lograr el cumplimiento propio que
   Tú deseas.

Inspira en todos conocer valores más altos,
estar abiertos a tu gracia y al don de la fe,

y vivir en comunión contigo y con el prójimo.
Impulsa a todas las personas a usar regularmente
todos los medios necesarios para obtener el
desarrollo pleno personal
así como el desarrollo de los demás.

## Oración por los Hambrientos

Señor Jesucristo,
Tú nos exhortaste a darte alimento cuando
tuvieras hambre
lo cual podemos ver en las caras hambrientas
de otros seres humanos.
Déjame comprender que hay millones de
personas —
hijos del mismo Dios y hermanos y hermanas nuestros —
que mueren de hambre
aunque no lo merecen.

No permitas que permanezca indiferente
al grito de sus necesidades,
ni que aplaque mi conciencia pensando
que nada puedo hacer contra este mal.
Ayúdame a hacer algo —
no importa cuán pequeño sea —
para aliviar tan desgarradora necesidad.
Al menos, déjame orar regularmente
para que estas pobres gentes se vean recom-
pensadas

por los terribles sufrimientos que padecen
y se vean aliviadas lo más pronto posible.

## Oración por Aquellos Que Sufren en Todo el Mundo

Señor Jesucristo,
durante tu vida te viste rodeado del sufri-
    miento
y Tú lo eliminaste cada vez que pudiste.
Mira a este mundo en sufrimiento
y alívialo de tanta pena.
Ayuda a los enfermos corporales, especial-
    mente a los que agonizan,
y a los de corazón oprimido
cansados ya de la vida.
Ven a ayudar a las víctimas de las guerras
o aquellos cuyos prójimos son duros de
    corazón.
Alienta a quienes sufren de discriminaciones
por su raza, credo o color,
por ser pobres, ignorantes, o llevar una vida
    diferente.
Libera a los oprimidos
y alimenta los hambrientos.
Inspira en mí un firme deseo de cooperar
    contigo
en la liberación de los oprimidos.
Pemíteme estar abierto a los demás,
a amarlos en Ti
y compartir con ellos cuanto soy y tengo.

## Oración por los Pueblos en Guerra

Señor Dios,
las gentes de dos naciones están sufriendo
los daños terribles de la guerra.
Sus seres amados están en peligro de muerte,
sus vidas corren el riesgo de acabar,
sus espíritus lentamente se están amargando,
y sus almas peligran por el odio sin cesar.

Derrama tu gracia sobre estos pueblos.
Mantén sus corazones centrados en Ti
y lleva sus mentes lejos de los peligros de las
    guerras.
Que todos oren y trabajen por la paz,
para que así sus vidas vuelvan a la normali-
    dad
y te puedan adorar en la fe, esperanza y amor.
Suprime los horrores de la guerra de su
    medio
y devuélveles los beneficios de la paz.

## Oración por el Desarme

Dios todopoderoso,
Tú deseas salvarnos de la antigua esclavitud
    de las guerras.
Sin embargo, al presente nos encontramos
    dedicados a una carrera en las armas
que parece ser el único medio para evitar
    una guerra.
Inspira los líderes de las naciones

para hallar un método alterno
pues como ha dicho el Segundo Concilio
   Vaticano,
no es una forma segura de mantener la paz.
Ni tampoco es el llamado "equilibrio" resul-
   tante de ello
una paz segura y auténtica.
Capacítanos para hallar nuevas formas
y restaurar una paz genuina basada en tu ley,
emancipando así al mundo de esta ansiedad
   agobiadora.

### Oración por Sinceridad con el Mundo

Señor Jesucristo,
Tú viniste a este mundo como hombre
y participaste de las costumbres de tu época.
Al hacerlo, nos mostraste
que podemos ser total y verdaderamente
   humanos
sólo siguiéndote a Ti.
Ayúdanos a ser sinceros con el mundo
en forma verdaderamente cristiana.

Deja que las alegrías y esperanzas, angustias
   y ansiedades
de quienes viven en esta edad
sean nuestras propias alegrías y esperanzas,
   angustias y ansiedades
como discípulos tuyos.
Que nada que sea realmente humano

deje de encontrar un eco en nuestros corazones.
Enséñame a aplicar tus principios
a los eventos mundiales que encuentre cada
día.
Que nunca huya de este mundo
sino que te traiga a Ti a él
cada día de mi vida.

## Oración por los Ateos

Dios todopoderoso,
Tú nos has dado la fe en Cristo
como faro que ilumina nuestra senda
en medio de las tinieblas de este mundo.
Ten misericordia con todos aquellos que se
han desviado
de la vía de la salvación
aunque quizás ellos mismos no lo sepan.
Envíales tu mensaje hasta sus corazones
y concédeles la gracia de recibirlo
con sinceridad y gratitud.

## Oración por Nuestro País

Padre celestial,
Tú eres el cimiento verdadero de las naciones,
levantándolas para servirte y cuidar
del pueblo viviendo dentro de sus fronteras.
Gracias te doy por hacerme ciudadano de
esta tierra
de libertad y oportunidades sin límites —

que son el resultado de su base cristiana.
Envía tu Espíritu a este país
y hazlo fuente de sabiduría y fortaleza,
orden e integridad a través del mundo.

### Oración por las Autoridades Civiles

Señor Jesucristo, Rey del universo,
mira con misericordia aquellos que nos
    gobiernan.
Concédele a nuestro Presidente y a su ad-
    ministración
la gracia de conocer y hacer tu voluntad.
Permíteles servir a todo el pueblo
en verdad y justicia.
Inspira nuestro congresistas con el valor
de hacer leyes para el bien de todos
más bien que para unos pocos.
Da a nuestros jueces tu Espíritu de sabiduría
    y comprensión
para que puedan discernir la verdad
y administrar imparcialmente la ley.
Y permite que todos contribuyamos
para hacer que nuestra forma de gobierno
    continúe funcionando.

### Oración por el uso Apropiado
### de la Creación

Dios todopoderoso,
Creador de todas las cosas,
Tú hiciste esta tierra

con su atmósfera y su miríada de seres
vivientes
en una forma maravillosa que aturde nuestra mente
para que pudiera hacer nacer y crecer los
humanos.
Tú nos confiaste su medio ambiente y sus
recursos
para usarlos en forjar una vida
que nos llevara más cerca de Ti
y eventualmente nos condujera a tu Reino
celestial.

Ayúdanos a usar estos preciosos recursos
con sabiduría y moderación,
evitando el gasto, la contaminación y la
destrucción innecesaria.
Haznos responsables de forma que aquellos
que nos sigan
puedan también usar esta tierra en tu servicio.

## Oración por la Justicia Social

Señor Dios,
aún en el Antiguo Testamento,
como lo muestran esos maravillosos profetas
Amos y Oseas,
tu mensaje recalcó la necesidad de que tus
siervos hicieran
justicia social así como individual en este
mundo.

Tu Hijo divino llevó este mensaje aún más
  lejos,
pidiendo caridad social también.
Y tus Papas modernos también han hecho
  hincapié en la justicia social
para que pueda haber paz entre los pueblos y
  las naciones.
Concédeme la gracia de luchar
contra los males sociales y la opresión
al igual que lucho dentro de mí mismo contra el mal.
Hazme usar mi libertad según tu voluntad
para alcanzar la justicia y la paz
para darte honor y gloria.

### Oración por el Servicio Social

Señor Jesucristo,
yo se que tu llamado nunca llega a mí en un
  vacío,
sino en las circunstancias de mi vida diaria.
Por tanto mi respuesta no puedo darla
sólo en la privacidad de mi propia mente;
debe desbordarse en mi vida cotidiana.
Tú me llamaste a través de mi familia,
a través de mi comunidad o Iglesia,
y a través del mundo.

Enséñame a servir a los demás en el conocimiento
que esas acciones mías que adelantan el verdadero progreso

de la Iglesia y el mundo
es mi forma de decir que sí a tu llamado.
Al mismo tiempo, déjame aprovechar la
    oportunidad
para dar a conocer tu Evangelio mediante
    mis actos
trabajando con ellos para edificar el orden
    temporal,
dirigiéndolo a Ti, que eres su meta final.


## Oración por el Desarrollo del Saber

Dios todopoderoso,
tu saber es infinito
y Tú has dado al ser humano
una maravillosa capacidad
para aprender en todos los niveles:
prácticos, sociales, culturales, intelectuales y
    así sucesivamente.
Bendice todas las instituciones de enseñanza,
a todos sus maestros y a todos sus alumnos.
Concédeles a todos ellos y a mí también
una dedicación al saber verdadero,
un amor verdadero por aprender,
y la capacidad para continuar aprendiendo
    durante todas nuestras vidas,
hasta que arribemos a tu conocimiento,
y de tu Hijo, Jesús, en la unidad del Espíritu
    Santo.

### Oración por el Uso Apropiado de los Medios de Comunicación

Dios todopoderoso,
capacítanos para hacer uso apropiado
de los maravillosos medios de comunicaciones
que constantemente están a nuestra disposición
para que no suframos daño alguno,
y, como la sal y la luz,
demos sabor a la tierra
e iluminemos el mundo.

Que todos los hombres y mujeres de buena
voluntad
también se esfuercen por usarlos
solamente para el bien de la sociedad
cuyo destino depende más y más en su uso
apropiado.
Concédenos que, al igual que en el caso de
las antiguas obras de arte,
estos descubrimientos puedan servir
para glorificar el Nombre del Señor,
según las palabras del Apóstol:
"¡Jesucristo, ayer y hoy,
y el mismo por siempre jamás!"

### Oración por la Industria

Oh, Dios,
Tú nos has llamado a cooperar con nuestro
trabajo cotidiano

en el inmenso plan de tu creación.
Danos a todos el orgullo en lo que hacemos
y una justa recompensa por nuestra labor.
Permítenos extender nuestras actividades
con un espíritu cristiano,
sabiendo que cada persona es un hermano o
    hermana.
Otórganos que en el esfuerzo común
para edificar un mundo más justo y fiel
todas las personas hallen un lugar apropiado
    para su dignidad
para llevar a cabo su propia vocación
y así contribuir al progreso de todos.

**MIEMBROS DE LA IGLESIA UNIVERSAL A TRAVÉS DE LA IGLESIA LOCAL** — Los cristianos son miembros de la Iglesia universal al ser miembros de su Iglesia local — parroquial, diocesana y territorial. Como tales, es apropiado que ellos oren por toda la Iglesia, así como por su propia comunidad.

## ORACIONES POR LA IGLESIA
## Y POR LA PARROQUIA

*Como ya hemos mencionado, los cristianos de hoy día tienen una mayor conciencia de sus relaciones con el mundo. También deben poseer el conocimiento correspondiente de sus relaciones con la Iglesia universal y, más específicamente, con la Iglesia local (diocesana) o parroquia (que es la parte más pequeña de la diocesana y de la Iglesia territorial). Porque a partir del Segundo Concilio Vaticano estamos viviendo en la edad de la Iglesia local.*

*En la providencia divina es la Iglesia la que tiene el Espíritu Santo en ella que nos pone en contacto con Jesús y la salvación que El alcanzó. La Iglesia es el sacramento de salvación para todo el mundo a través de todas las edades hasta la venida final de Cristo en toda gloria.*

*En el caso de los cristianos individuales, es generalmente la Iglesia Parroquial la que los pone en contacto con Jesús y sus actos salvíficos. Es en la Iglesia Parroquial donde ellos pueden celebrar con los otros parroquianos la Eucaristía, donde reciben los demás Sacramentos y donde pueden efectuar todas las tareas religiosas que Dios les ha encomendado.*

*Como resultado del Segundo Concilio Vaticano, la Iglesia local ha obtenido importancia propia, trabajando mediante comités y proyectos en que los parroquianos pueden participar y realmente hacer sentir su peso en la Iglesia. La medida de su dedicación a estas tareas determinará la extensión de la influencia de la Iglesia en sus vidas.*

*Así los cristianos deben hacer un hábito de orar por las necesidades, tanto de la Iglesia universal como de la Iglesia local. Haciéndolo, pedirán la gracia de Dios sobre la Iglesia y aumentarán su conocimiento de su dedicación a dicha Iglesia.*

## Oración por la Iglesia

Ven, Espíritu Santo, Santificador bendito, ayuda misericordiosamente tu Iglesia Católica.
Con tu poder celestial
dale fuerzas y defiéndela contra los asaltos de sus enemigos.
Con tu amor y tu gracia
renueva el espíritu de tus siervos
que Tú has ungido.
Concédeles que en Ti

puedan glorificar al Padre y su Hijo Unigénito,
Jesucristo nuestro Señor.

## Oración Alterna por la Iglesia

Padre celestial,
concede que tu Iglesia pueda siempre encontrar
en el Jesús resucitado,
Quien conquistó la muerte y el pecado,
las fuerzas para vencer, paciente y bonda-
dosa,
todas las aflicciones y quebrantos.
Que así ella pueda mostrar al mundo
el misterio del Señor
en una forma fiel aunque oscurecida,
hasta ser revelado en todo su esplendor.

## Oración por los Diáconos

Padre de todos los hombres,
Tú inspiraste a los Doce
a buscar hombres de buen nombre,
llenos del Espíritu y sabiduría,
para designarlos a la tarea de servir.
Derrama tus bendiciones en abundancia
sobre todos los diáconos,
sus familias, sus ministerios y servicios.
Concédeles que puedan estar llenos con la
Gracia y el poder
al trabajar entre el pueblo.

## Oración por la Iglesia Local

Dios Padre nuestro,
tu Segundo Concilio Vaticano nos ha dicho
que la Iglesia de Cristo está presente en verdad
en todas las congregaciones locales legítimas que,
en unión de sus pastores,
se llamen a sí mismas iglesias en el Nuevo Testamento.
Permite que todas esas Iglesias locales
manifiesten tu Iglesia universal —
Una, Santa, Católica y Apostólica.
Concede que sus miembros puedan crecer
a través del Evangelio y la Eucaristía
en la unidad del Espíritu Santo.
Hazlos instrumentos verdaderos del poder
de Cristo en el mundo.

## Otra Oración por la Iglesia Local

Padre celestial,
mira bondadosamente a la Iglesia en nuestro país
y manténla fiel a tu mensaje divino.
Haz que comunique ese mensaje en forma
que nuestro pueblo pueda comprenderlo
según su cultura y sus costumbres.
Inspira a nuestros líderes religiosos
con la sabiduría y el valor

en esta importante tarea.

Al mismo tiempo, permite que todos los
miembros de esta Iglesia

respondan a tu llamado de extender la fe

entre sus conciudadanos.

Ayúdanos a todos a mantener tu Iglesia

siempre llena de tu gracia y de tus enseñanzas

y alerta a las necesidades de todos los necesitados —

tanto material como espiritualmente —

imitando a tu divino Hijo

y bajo el impulso de tu Santo Espíritu.

## Oración por la Diócesis

Padre celestial,

al llamarnos a seguir a Cristo tu Hijo,

Tú nos hiciste miembros de esta diócesis,

que es una Iglesia local.

Enséñanos a servirte fielmente dentro de sus
límites

y manifestar por nosotros la Iglesia universal.

Ayuda tanto a los religiosos

como a los laicos que forman parte de ella

a trabajar juntos en verdadera unidad cristiana.

Que tu Palabra sea proclamada en verdad y
escuchada aquí,

y que tus Sacramentos, especialmente la
Eucaristía,
se administren fielmente y reciban devota-
mente.
Concede que tu diócesis pueda ofrecer un
ejemplo ferviente
del poder de tu Palabra y el poderío de tu
salvación
para honor y gloria tuyos
y para salvación nuestra.

## Oración por la Parroquia

Padre celestial,
Tú has elegido la parroquia como vehículo
con el cual nos encuentras en nuestras vidas
cotidianas.
La parroquia es la asamblea en la que
se proclama tu Palabra,
se celebra tu Eucaristía,
tu pueblo se une en una comunidad local
y se subdivide en grupos más pequeños
para que así puedan representar los cambios
para el mejoramiento de toda la Iglesia.

Haz que nuestros parroquianos estén conscientes
de las oportunidades y responsabilidades
que les pertenecen como testigos tuyos en
nuestra época.

Manténnos abiertos a nuestra necesidad de
tu amor y amistad.
Que tanto los religiosos como los laicos trabajen juntos
para servirte a Ti en los demás.

## Oración por el Papa

Señor Jesucristo,
Tú quisiste edificar tu Iglesia
sobre la Roca de Pedro
y los papas que lo han sucedido a través de
los siglos.
Derrama tu gracia sobre nuestro Santo
Padre
que él pueda ser una señal viva y un promo-
tor infatigable
de la unidad de la Iglesia.

Ayúdalo a proclamar tu mensaje a todos los
pueblos
y a escuchar el mensaje que le llega a él
del consentimiento de todos sus miembros
y del mundo que Tú has hecho.
Haz que él sirva a los demás
siguiendo tu ejemplo
y según su título tradicional de:
"Siervo de los siervos de Dios."
Unenos cerca de él
y haznos dóciles a sus enseñanzas.

## Oración por el Obispo

Señor Jesucristo,
Tú enviaste a tus Apóstoles a proclamar las
   Buenas Nuevas
con Pedro a la cabeza
y Tú les diste fuerzas con el Espíritu Santo.
Recuérdanos que nuestros obispos están
   nombrados
por ese mismo Espíritu
y que son sucesores de los Apóstoles
como pastores de almas.
Juntos con el Papa y bajo su autoridad
han sido enviados por todo el mundo
para continuar tu labor.

Ayuda a nuestro obispo a enseñar
a todos los miembros de su diócesis,
a santificarlos en la verdad,
y a darles tu alimento.
Ayúdanos a obedecer sus enseñanzas y a
   amarlo
como la Iglesia te obedece y te ama a Ti.
Haz que permanezcamos unidos a él,
creciendo en la fe y el amor,
y alcancemos la vida eterna contigo.

## Oración por los Líderes de la Iglesia

Señor Jesucristo,
cuida de todos aquellos que son líderes

de tu Iglesia.
Manténlos fieles a su vocación
y a la proclamación de tu mensaje.
Enséñalos a reconocer e interpretar
las señales de los tiempos.
Dale fuerzas con los dones del Espíritu
y ayúdalos a servir sus fieles,
especialmente los pobres y necesitados.
Otórgales una vívida sensación de tu presencia
en el mundo
y un conocimiento de cómo mostrarla a los
demás.

## Oración por los Sacerdotes

Padre celestial,
derrama tu gracia sobre los sacerdotes
que Tú has hecho.
Permíteles recordar que al ejecutar sus tareas
nunca están solos.

Que confiando en tu altísimo poder
y creyendo en Cristo
Quien los llamó para participar
en su sacerdocio,
puedan dedicarse a sí mismos a sus ministerios
con entrega total,
sabiendo que Tú puedes intensificar en ellos
la capacidad de amar.

Permíteles también estar conscientes de que
   tienen como compañeros
a sus hermanos en el sacerdocio
y, en verdad, a los fieles de todo el mundo.
Porque ellos cooperan en llevar a cabo
el plan salvífico de Cristo,
el cual se efectúa sólo por grados,
mediante la colaboración de muchos ministerios
en la edificación del Cuerpo de Cristo
hasta que se alcance la medida total de toda
   su Humanidad.

### Oración por un Concilio Parroquial

Señor Jesucristo,
inspirados por las palabras de tu Segundo
   Concilio Vaticano,
hemos elegido algunos hombres y mujeres
de nuestra parroquia
para servir en el Concilio Parroquial.
Estos tienen la tarea de representarnos
con el grupo parroquial
y trabajar en bien de toda la comunidad.

Ayúdalos a llevar a cabo sus labores
con valor y sabiduría,
con alegría y dedicación,
con paciencia y respeto mutuo,
y con la convicción de que todo lo que hagan
se hace primordialmente por Ti
y en honor a la Santísima Trinidad.

## Oración por una Reunión
## Espiritual o Pastoral

Señor Jesucristo,
nos hemos reunido en tu Nombre,
para trabajar por el bien de nuestra parroquia.
Permanece con nosotros con tu presencia invisible
y derrama los dones de tu Espíritu sobre nosotros.
Haznos trabajar con un espíritu de confianza y amor,
así como con un espíritu de prudencia y comprensión,
para que podamos experimentar una abundancia
de luz, compasión y paz.
Deja que la armonía reine entre nosotros
y deja que mantengamos nuestra vista siempre fija en Ti.
Capacítanos para poner en práctica tu voluntad conocida por nosotros,
sin importar las dificultades que pueda entrañar.

## Oración para un Grupo de Estudios

Padre celestial,
envía tu Espíritu
para iluminar nuestras mentes

y predisponer nuestros corazones
a aceptar tu verdad.
Ayúdanos a escucharnos unos a otros
con franqueza y sinceridad,
ansiosos de aprender del talento e intuición
que Tú nos has dado a cada uno de nosotros.
No permitas nunca que las diferencias en las
   opiniones
disminuyan nuestra estimación y amor mu-
   tuos.
Que podamos irnos de esta reunión
con mayor conocimiento y amor hacia Ti
y tu Hijo Unigénito en la unidad del Espíritu
   Santo.

### Oración por los Laicos

Padre celestial,
inspira a todos los miembros laicos de tu
   Iglesia
para que conozcan y realicen su llamado.
Permíteles comprender que deben dar testimonio de Cristo en todo
y en medio de la sociedad de los hombres.

Ayúdalos a dar testimonio
con sus vidas y trabajo en el hogar,
en sus grupos sociales,
y en sus círculos profesionales.
Capacítalos para ello y así irradiar
la nueva persona creada según Dios

en justicia y santidad verdaderas (Ef. 4:24),
y así echar los cimientos para el crecimiento
de tu Reino en la tierra.

## Oración por las Vocaciones Sacerdotales

Jesús, Pastor Divino de almas,
Tú llamaste tus Apóstoles
para hacerlos pescadores de hombres.
Continúa atrayendo hacia Ti
las almas ardientes y generosas de tu pueblo
para convertirlos en seguidores y ministros
tuyos;
permíteles compartir de tu sed por la redención universal
mediante la cual renuevas diariamente tu
sacrificio.

Señor,
siempre vivo para interceder por nosotros,
abre los horizontes de todo el mundo
donde la muda súplica de tantos corazones
implora por la luz de la verdad y el calor del
amor.
Que respondiendo a tu llamado
ellos puedan prolongar tu misión aquí en la
tierra,
edificar tu Cuerpo místico,
que es la Iglesia,
y ser la sal de la tierra
y la luz del mundo. *Papa Pablo VI*

## Oración por las Vocaciones Religiosas

Oh, Dios,
Tú concedes dones a los seres humanos
para la edificación de tu Iglesia
y la salvación de todo el mundo.
Derrama tu Espíritu
para inspirar a la juventud
con el deseo de seguirte más de cerca
abrazando los Consejos Evangélicos
de pobreza, castidad y obediencia.

Otorga tu ayuda poderosa y continua
a todos los que responden a tu llamado
para que puedan permanecer fieles a su vocación
toda la vida.
Que ello los conduzca a una mayor plenitud
y los haga señales vivas
de la nueva persona en Cristo,
libres del dinero, de los placeres, y del poder,
y eminentes testigos de tu Reino.

## Oración por los Misioneros

Señor Jesucristo,
cuida de tus misioneros —
sacerdotes, religiosos y laicos —
que lo dejan todo
para dar testimonio
de tu Palabra

y de tu Amor.
En los momentos difíciles
refuerza sus energías,
conforta sus corazones,
y corona sus labores
con logros espirituales.
Deja que la imagen adorable
de tu Cuerpo crucificado en la Cruz,
que los acompaña durante toda sus vidas,
les hable de heroísmo,
generosidad,
amor y paz.

*Papa Juan XXIII*

## Por la Unidad de los Cristianos

Todopoderoso y eterno Dios,
Tú mantienes juntos aquellos que has unido.
Cuida misericordiosos de todos los que
siguen a Jesús, tu Hijo.

Todos estamos consagrados a Ti
por un Bautismo común;
haznos uno en la plenitud de la fe
y manténnos uno en la unidad de tu amor.

**ORACIONES POR LA FAMILIA Y POR EL VECIN-DARIO** — La oración por nuestra familia es aldo tan obvio que tendemos a darlo por sentado mayoría de las veces y dejamos de usar numerosas oportunidades para orar por nuestras respectivas familias. Lo mismo puede descirse por nuestros vecinos y amigos. Debemos esforzamos por remediar esta falta.

## ORACIONES POR LA FAMILIA
## Y POR EL VECINDARIO

*A*demás de sus relaciones con sus países respectivos y su Iglesia, los cristianos tienen una relación muy cercana con sus propias familias y con sus vecinos locales. Durante el curso normal de la vida, estas relaciones también conllevan responsabilidades y privilegios en cuanto concierne la oración.

Se ha llamado la familia como una Iglesia doméstica, porque está llamada a formar a Cristo en todos sus miembros. En verdad, para la mayor parte de los cristianos es el lugar donde encuentran a Cristo por vez primera mediante las oraciones y ejemplos de sus padres. Es aquí también donde experimentan por primera vez del compañerismo humano de los cristianos y de la Iglesia. Por tanto, es sólo natural que la oración venga a nuestras mentes en relación con los miembros de esa familia y de las diversas circunstancias en sus vidas.

La familia es también el punto de partida que gradualmente introduce los hombres en la sociedad cívica con los demás hombres. Todos los cristianos forman parte de un vecindario local en particular con costumbres y problemas propios. "Ellos deben estar familiarizados con esa cultura, sanarla y preservarla. Deben desarrollarla

*según las condiciones modernas y final-
mente perfeccionarla en Cristo" (Vaticano
II:* Decreto sobre las Actividades Misioneras
de la Iglesia, *no. 21). Bajo tales circunstancias, corresponde a los cristianos orar por
sus vecinos inmediatos y su medio ambiente local cuando surjan la necesidad de
tal oración.*

*Las oraciones que veremos en esta sec-
ción cubren sólo unas pocas de dichas oca-
siones. Podríamos encontrar muchas otras
pero sería demasiado diversificadas debido
a la necesidad de circunstancias concretas
que tendrían que mencionarse. Así que es
preciso dejarlas a la ingenuidad de cada
persona para su composición. Las oraciones aquí presentadas ofrecen una varie-
dad lo suficientemente amplia para tales
composiciones de acuerdo con las necesidades que se presenten.*

## Oración por una Familia

Jesús, amantísimo Redentor nuestro,
Tú viniste a iluminar el mundo
con tus enseñanzas y ejemplo.
Fue tu voluntad pasar la mayor parte de tu
    vida
en humilde obediencia a María y José
en el pobre hogar de Nazaret.

De esta forma santificaste esa familia
que llegaría a ser ejemplo de todas las familias cristianas.

Acepta bondadosamente a nuestra familia
que dedicamos y consagramos a Ti en este
   día.
Complácete en protegerla, guardarla y man-
   tenerla
en santo temor, en paz,
y en la armonía de la caridad cristiana.
Que conformándonos al Divino modelo
de tu familia,
todos podamos alcanzar la felicidad eterna.


## Otra Oración por la Familia

Dios de bondad y misericordia,
a tu protección paternal encomendamos
   nuestra familia,
nuestro hogar y todo lo que nos pertenece.
Llena nuestra hogar de tus bendiciones
como llenaste la santa casa de Nazaret
con tu presencia.
Aléjanos del pecado.
Ayuda a cada uno de nosotros
a obedecer tus santas leyes,
a amarte sinceramente

e imitar tu ejemplo,
el ejemplo de María, tu madre y madre nuestra,
y el ejemplo de tu santo guardián, San José.

Señor, cuídanos a nosotros y nuestro hogar
de todos los males y calamidades.
Que siempre nos resignemos a tu Divina voluntad
aún en las cruces y calvarios
que Tú nos depares.
Finalmente, danos a todos la gracia
de vivir en armonía y amor con nuestros
prójimos.
Concede que cada uno de nosotros merezca
por medio de una santa vida
el sostén de tus Sacramentos
en el momento de nuestra muerte.

Bendice este hogar,
Dios Padre, que nos creaste,
Dios Hijo, que sufriste por nosotros en la
Cruz,
y Dios Espíritu Santo, que nos santificaste en
el Bautismo.
Que el Dios Unico en tres Personas Divinas
conserve nuestros cuerpos,
purifique nuestras almas,
dirija nuestros corazones
y nos lleve a la vida eterna.

## Letanía por el Hogar

Padre que estás en el cielo,
te damos gracias por nuestro hogar y nuestra salud;
— gracias te damos, Padre.
Por darnos unos a otros en esta familia,
por nuestra feliz vida familiar estando juntos,
y por confortarnos en nuestras angustias,
— gracias te damos, Padre.
Te pedimos que nos guíes
en el camino del amor y servicio unos a otros;
— Señor, escucha nuestra oración.

Que honesta y alegremente,
con valor y verdad,
estemos listos y dispuestos para ayudarnos unos a otros
en las labores y cuidados cotidianos,
— Señor, escucha nuestra oración.
Que con respeto y amor
evitemos las peleas en nuestro hogar que amenazarían su unidad,
y borra las diferencias en el hogar,
— Señor, escucha nuestra oración.
Por nuestra vida actual en nuestro hogar
y las memorias venideras,
por hacernos uno y darnos seguridad,
— te bendecimos, oh Dios, Padre nuestro.

Por el apoyo sin cesar de nuestra santa Iglesia en todo el mundo,
por la seguridad de las gracias otorgadas
y por la promesa de la paz eterna,
— te damos gracias, oh Dios, Padre nuestro.

### Oración de los Padres por Sus Hijos

Creador celestial del universo,
gracias te damos por los hijos
que Tú nos has encomendado.
Deseamos cooperar contigo plenamente
en ayudarlos a desarrollarse como personas
libres y responsables
y madurar en la fe recibida en el Bautismo.
Concédenos la gracia de poder guiarlos
en la práctica de la virtud
y en la senda de tus mandamientos —
con el bueno ejemplo de nuestras vidas,
y el amante cumplimiento de tu ley
y de tu Iglesia.
Pero sobre todo, sin embargo, guíalos con tu
Espíritu,
para que sepan la vocación que Tú quieras
concederles
y estén abiertos con verdadera abnegación a
un verdadero amor cristiano.

### Oración de los Hijos por sus Padres

Señor Jesucristo,
Tú me has dado mis padres

para traerme a este mundo
y ayudarme en mi jornada hacia Ti en el
próximo
con el don consolador de tu santo y generoso
amor.
Cúbrelos de tus mas caras bendiciones
y enriquece sus almas con tu gracia.

Concédeles que puedan imitar constante y
fielmente
tu matrimonio místico con la Iglesia
que Tú imprimiste en ellos en el día de sus
bodas.
Inspíralos con tu sabiduría
y permíteles caminar en la senda de tus
mandamientos.
Que tanto yo como sus otros hijos
podamos ser siempre su alegría en esta vida
y su corona de gloria en la venidera.
Lleva mis padres a una ancianidad feliz,
saludables de cuerpo y alma
y concédeles una santa muerte
en unión contigo.

### Oración de un Cónyuge por el Otro

Señor Jesucristo,
ayúdanos a amarnos uno al otro
como Tú amas a tu Esposa Inmaculada, la
Iglesia.
Concédenos una tolerancia y paciencia cristianas

para soportar nuestras mutuas imperfec-
ciones.
Que ningún malentendido perturbe esa armonía
que es la base de la comprensión mutua
en las muchas y diversas contrariedades de
la vida diaria.

Inspíranos para llevar verdaderas vidas cristianas
y cooperar con la gracia sacramental
que se nos dio el día de nuestras bodas.
Danos la gracia de vivir juntos en paz y felicidad,
lentos al hablar con aspereza
y rápidos en el perdón mutuo.
Permítenos criar nuestros hijos en tu amor,
ayudar a nuestro prójimo siguiendo tu ejemplo,
respaldar todas las cargas cívicas y religiosas
en unión contigo,
y dar testimonio de Ti delante de toda la comunidad.

## Oración de los Esposos en el Aniver-sario de Sus Bodas

Dios todopoderoso,
gracias te damos desde el fondo de nuestro
corazón,

por tus bendiciones continuas sobre nuestra
   unión,
que nos han permitido llegar a este aniversario.
Gracias te damos por permitir que nuestro
   amor se profundizara
y por ayudarnos en los momentos de prueba.
Sabemos que sin tu ayuda
jamás hubiéramos podido permanecer
tan cerca como estamos el uno del otro.

Te rogamos que continúes cuidándonos,
así como a nuestro hogar y nuestra familia.
Ayúdanos a renovar nuestros votos de amor
   y fidelidad
y a esforzarnos por permanecer unidos a Ti
firmes en nuestra Fe y en tu servicio.

## Oración en el Bautizo de un(a) Hijo(a)

Señor Jesucristo,
Tú le has concedido un nuevo nacimiento a
   nuestro(a) hijo(a)
en el agua y tu Espíritu Santo.
Tú lo(a) has hecho hijo(a) de tu Padre,
miembro(a) de la Iglesia,
y heredero(a) del cielo.

Te damos gracias sinceras
y prometemos que con la ayuda de tu gracia
le enseñaremos según las promesas bautis-
   males

a creer sin dudas en tu mensaje,
a obedecer fielmente tus mandamientos,
y a permanecer siempre unido(a) a Ti
en la vida y en la muerte.

### Oración por una Madre Soltera

Señor de vida,
mira bondadoso sobre esta joven
que se ha convertido en madre sin estar
    casada.
Concédele a ella y a su hijo(a) tu fuerza
para que puedan crecer en estatura, edad y
    gracia.
Inspira a otros para que les extiendan su am-
    abilidad y comprensión
en sus vidas pesarosas,
para que puedan vivir en calma relativa.
Envíales un buen hombre
como esposo y padre amante.
Enséñame a dejar a un lado toda recrimi-
    nación y juicio
y sírveles de ayuda y valor.

### Oración en la Primera Comunión de un(a) Hijo(a)

Señor Jesucristo,
en el Sacramento de la Eucaristía
Tú nos manifestaste claramente
tu amor sin límites.
Gracias por darle a nuestro(a) hijo(a)

la oportunidad de experimentar ese amor
al recibir el Sacramento por vez primera.
Permite que tu presencia en la Eucaristía
   lo(la) mantenga
libre de pecados,
fuerte en la fe,
lleno(a) del amor a Dios y al prójimo,
y fructífero(a) en virtud,
para que él(ella) continúe recibiendoti durante toda su vida,
y obtenga la unión final contigo en su
   muerte.

## Oración en la Confirmación
## de un(a) Hijo(a)

Dios todopoderoso,
Tú enviaste tu Espíritu para transformar los
   Apóstoles
en héroes de fortaleza evangélica
el día de Pentecostés.
Gracias te doy por concederle ese mismo Espíritu
a nuestro(a) hijo(a) en el Sacramento de la
   Confirmación.
Derrama sobre él(ella)
los siete dones del Espíritu
para que él(ella) se asemeje cada vez más a
   Jesús
y sea en el mundo un valiente testigo
de Ti y de tu Divino Hijo.

## Oración en la Boda de un(a) Hijo(a)

Señor Jesucristo,
Tú dijiste que al casarse
los hijos deben dejar padre y madre
y aferrarse a su cónyuge.
Nuestro(a) hijo(a) ha dado ese paso hoy
recibiendo el maravilloso Sacramento del
Matrimonio.

Cuídalo(a) en su nueva vida.
Que esta pareja encuentre felicidad el uno en
el otro
al formar una nueva familia en tu honor y
gloria.
Ayúdame a aceptar este matrimonio con
todo mi corazón
comprendiendo que no pierdo un(a) hijo(a),
sino que gano otro(a).

## Oración al Tomar los Hábitos un(a) Hijo(a)

Señor Dios,
Tú has llamado mi hijo(a)
a ser sacerdote (o hermano o hermana),
y él(ella) ha respondido generosamente a ese
llamado.
Te ruego que él(ella) sea fiel
a su nuevo estado

y feliz con la forma de vida que le depara el futuro.

Ayúdame a estar siempre dispuesto a dar mi ayuda
quien sea y donde sea menester.
Permíteme siempre recordar
que es un honor entregarte un(a)hijo(a)
que, en primer lugar, Tú nos lo diste.

## Oración por el Regreso de un(a) Hijo(a) a la Fe

Querido Señor,
Tú te hiciste hombre, padeciste y moriste
para ganar la salvación de las almas.
Mira compasivo el alma de mi hijo(a)
que se ha alejado de Ti y de la Fe.
Concédele la gracia
de ver el error de su forma de ser
y devuélvelo(a) al redil de tu cuidado.
Enséñame a mantenerme cerca de él(ella)
durante estos tiempos de prueba
y a esforzarme por convertirlo(a)
por mis actos y oraciones
más que por las palabras que puedan anta-
gonizar.
Sagrado Corazón de Jesús, en ti confío
para hacer todo lo necesario
para traer a mi hijo(a) nuevamente junto a
Ti.

## Oración por una Asociación Cívica de la Vecindad

Señor Jesucristo,
Tú alabaste aquellos que sirven a los demás.
Mira bondadoso a esta asociación cívica de
    nuestra vecindad
compuesta por personas de varios credos
que trabajan por el bien de nuestra comu-
    nidad.
Muéstrales cómo mostrar verdadero respeto
    por todos
y a esforzarse en eliminar toda injusticia
en nuestra área.
Inspira sus oficiales a ejercer bien sus de-
    beres
y a sus miembros a aceptar su liderazgo,
para que la gente se vea aliviada de los pro-
    blemas sociales
y puedan obtener sus metas espirituales.

## Oración por un Problema de la Vecindad

Señor celestial,
Tú conoces el problema que ha surgido en
    nuestro medio.
Te rogamos que ayudes a los encargados de
    resolverlo
con toda rapidez y según tu voluntad.
Cuida sobre nosotros con tu gracia
para que esta comunidad sea un lugar

donde se sienta tu presencia,
y reine una amistad verdaderamente humana y cristiana,
y todos alcancemos nuestra salvación en paz.

## Oración por un Vecindario en Declive

Señor Jesucristo,
nuestro vecindario fue una vez un área en
desarrollo,
donde la gente vivía sus vidas humanas en
paz
y llevaba fructíferas vidas espirituales.
Ahora está en estado de declive perpetuo,
en donde la paz y la armonía han dado paso
al temor, la sospecha y el caos.
Inspira a aquellos que quedan para que no
huyan
y trabajemos todos juntos para reconstruirlo.
Que todos nos respetemos unos a otros
esforzándonos en restaurar nuestro vecindario
a su lugar
en donde la gente viva en paz
y puedan adorarte sin temor.

## Oración por una Escuela del Vecindario

Dios todopoderoso,
Tú has formado los seres humanos de tal
modo

que la educación es de gran importancia
  para su bienestar.
La escuela de nuestro vecindario está en mal
  estado
y apenas puede enseñar nuestros jóvenes las
  cosas más esenciales
que necesitan para vivir en unión con los
  demás
y contigo, su Creador.
Ayúdanos a restaurarla al estado que tenía
para que nuestros hijos puedan recibir una
  buena educación
y puedan llegar a conocerte
a Ti y a tu Hijo —
que es la vida eterna.

## Oración por un Vecino con Problemas

Señor Jesucristo,
Tú nos enseñaste a ayudar a los necesitados.
Te ruego por N ...,
nuestro vecino que se ve en dificultades.
Cuídalo(a) durante este momento de prueba
y permítele recobrarse de este golpe.
Pero lo más importante de todo,
manténlo(a) cerca de Ti
sin importar lo que él(ella) tenga que so-
  brepasar.

Muéveme para que yo haga
lo que pueda por ayudarlo(a)
pero respetando su privacidad
y sin disminuir en forma alguna
la estima de sí mismo(a).

**ORACIONES POR UNO MISMO Y POR LOS AMIGOS** — Hay innumerables ocasones para orar en nuestras relaciones con nosotros mismos y con nuestros amigos. Todo lo que se necesita es saber que en cualquier cosa que podamos estar haciendo, Jesús está con nosotros. Podemos volvernos a El en cualquier momento y en cualquier oportunidad.

## ORACIÓN POR UNO MISMO
## Y POR LOS AMIGOS

*Además de las relaciones ya mencionadas, los cristianos también tienen una relación consigo mismo como individuos. Jesús dijo: "Ama a tu prójimo como a ti mismo." De aquí que los cristianos deban portarse consigo mismos como lo hacen con los demás. Deben orar por sí mismos o ver que su propia vida de oración no sufra o desaparezca por completo. Deben permitirse la ayuda espiritual a sí mismos como lo hacen por los demás.*

*Una de las maneras de lograrlo es formándose un hábito regular de oraciones diarias — y por esa razón hemos fijado ciertos momentos para dichas oraciones en esta sección. Otra forma consiste en orar en cada situación que pueda surgir durante el día. Ello lleva a aquellas oraciones que ya hemos dado en la sección sobre las oraciones para los diferentes estados de ánimo, pero como un ligeramente diferente énfasis en este caso también presentamos aquí unas cuantas de dichas oraciones.*

*Los cristianos también mantienen relaciones con sus amistades y conocidos. Ello conduce naturalmente a la oración por dichas personas. Es bueno para nosotros hacerlo ya que mantiene ante nuestra vista nuestra dependencia de los demás y, finalmente, de nuestro Creador. Al mismo tiempo nos mantiene en contacto con El.*

*Al santificar nuestras relaciones podemos hacerles frente en mejor forma y vivir una verdadera vida cristiana. De ahí, nada que hagamos se convierte en ordinario o secular. Vivimos de acuerdo con un Padre amante Quien quiere ayudarnos en toda circunstancia. Al orar nos aprovechamos de esa relación y descubrimos la clave de nuestro universo.*

### Oración Matutina

Santísima y adorable Trinidad,
un solo Dios en tres Personas,
te alabo y te doy gracias
por todos los favores que me has concedido.
Tu bondad me ha guardado hasta hoy.
Te ofrezco todo mi ser
y en particular mis pensamientos, palabras y
   obras,
junto con todas las pruebas que pueda sufrir
   en el día de hoy.
Dales tu bendición.
Que tu amor Divino las anime
y puedan servir para tu mayor gloria.

Hago este ofrecimiento matutino
en unión con las Divinas intenciones de
Jesucristo
El cual se ofrece a Sí mismo cada día en el
Sacrificio de la Misa
y en unión con Maria, Su Virgen Madre y
Madre nuestra,
quien siempre fue la fiel sierva del Señor.

## Oración al Mediodía

Oh, Divino Salvador,
me transporto en espíritu al Monte Calvario
para pedir perdón por mis pecados,
porque fue por culpa de los pecados de la
humanidad
que Tú escogiste ofrecerte en sacrificio.
Te doy gracias por tu extraordinaria generosidad
y también te doy las gracias
por hacerme hijo de María, tu Santísima
Madre.

Madre bendita, tómame bajo tu protección.
San Juan, tú tomaste a María en tu cuidado.
Enséñame una verdadera devoción a María,
Madre de Dios.

Que el Padre, el Hijo y el Espíritu Santo
sean glorificados en todo lugar
a través de la Inmaculada Virgen María.

## Oración Vespertina

Yo te adoro, Dios mío,
y te doy gracias por haberme creado,
por haberme hecho un cristiano,
y por haberme conservado hasta hoy.
Te amo con todo mi corazón
y me siento contrito por haber pecado en
    contra tuya,
porque Tú eres amor infinito e inmensa bon-
    dad.
Protégeme durante mi descanso
y que tu amor esté siempre conmigo.

Padre eterno,
te ofrezco la Preciosísima Sangre de Jesu-
    cristo
para el perdón de mis pecados
y por todas las intenciones de nuestra Santa
    Iglesia.

Espíritu Santo, Amor del Padre y del Hijo,
purifica mi corazón y enciéndelo con el
    fuego de tu amor,
para que yo sea un casto templo de la San-
    tísima Trinidad
y te sea agradable siempre en todas las
    cosas.

## Oración antes de las Comidas

Bendícenos, Señor, a nosotros,
y bendice estos tus dones
que dados por tu bondad
vamos a tomar
por Cristo nuestro Señor.

## Oración después de las Comidas

Te damos gracias, Dios todopoderoso,
por todas tus bendiciones:
Que vives y reinas por los siglos de los siglos.
Amén.

## Oración por la Ayuda de Jesús en Todas las Necesidades

En toda necesidad déjame llegarme hasta
   Ti con humilde confianza, diciendo:
Jesús, ayúdame.
En todas mis dudas, tentaciones y perturba-
   ciones en mi alma,
Jesús, ayúdame.
Cuando estoy solo o cansado,
Jesús, ayúdame.
Cuando mis planes y esperanzas han fra-
   casado,
en todas mis frustraciones y penas,
Jesús, ayúdame.
Cuando otros me fallen,
y sólo tu gracia puede ayudarme,
Jesús, ayúdame.

Cuando mi corazón se siente abrumado por
los fracasos
y cuando no veo el resultado de mis esfuerzos,
Jesús, ayúdame.
Cuando me sienta impaciente,
y cuando mi cruz es pesada de llevar,
Jesús, ayúdame.
Cuando esté enfermo,
y mi mente y mis manos ya no puedan trabajar,
Jesús, ayúdame.
Siempre, siempre,
a pesar de mis flaquezas y omisiones de toda
clase,
Jesús, ayúdame, y no me dejes jamás.

## Oración por el Deseo de Vivir

Señor,
no importa lo que pueda sucederme,
no permitas jamás que pierda el deseo de vivir
o mi aprecio por este hermoso mundo
que Tú has creado y puesto a mi disposición.
Mantén siempre ante mis ojos la gloria de
vivir,
la maravillosa frescura de cada nuevo día,
y la magnificencia de las criaturas alrededor
nuestro
al cantar tus alabanzas por el solo hecho de
vivir.

No permitas que me concentre en mis
  propias dificultades
y permanezca ciego a las maravillas de la
  vida.
Enséñame cómo darte las gracias cada día
por todos los dones que nos has dado,
cantando tu gloria con todas las criaturas
en unión con tu Hijo Jesuscristo.

### Oración para Caminar Junto a Dios

Señor Dios,
hoy la vida es un frenesí y un delirio.
Con frecuencia me hallo perdido en la multitud,
acondicionado por todo aquello que me
  rodea,
incapaz de detenerme y pensar.

Haz que vuelva a descubrir
y vivir
el valor de caminar hacia Ti,
cargado y comprometido
con todas las realidades
del mundo de hoy;
la sensación consciente y constante
de ser llamado por mi nombre, por Ti;
la gracia de responder libremente,
de tomar tu Palabra
como luz que ilumina
todos mis pasos.

## Oración para Discernir los Planes Que Dios Nos Hace Saber en la Vida Diaria

Señor Jesucristo,
Tú viniste a este mundo
y esto tuvo un efecto sin medida
sobre las vidas de todos aquellos que te
conocieron.
Permíteme comprender que tu Padre obra
a través de todos los que trato en mi vida
diaria.
En cada encuentro y en cada acontecimiento,
Tú vienes hacia mí —
si tan sólo puedo discernir tu presencia.
Y por mi propia vida yo también soy para
los demás
el portador del plan de Dios.
Ayúdame a responder alegremente a tu llamado
cuando me llega cada día en los demás.

## Oración para Ser Verdaderamente Humano

Señor Jesucristo,
Tú viniste a la tierra y abrazaste nuestra humanidad,
enseñándonos así cómo ser verdaderamente
humanos.
Ayúdame a seguir tu ejemplo
y así traer sobre mí todo aquello que es totalmente humano.

Enséñame a apreciar el inmenso bien
que representa ser humano,
coronado con el don de una verdadera abnegación.
Permíteme usar todos estos dones tuyos
según el propósito con que Tú los das
y para el bien de los demás.
Hazme comprender que solamente cuando
soy genuinamente humano
puedo ser tu verdadero seguidor.

## Oración por el Amor de Dios

Dios y Padre mío,
yo creo que Tú eres el Amor mismo.
Concédeme un amor más profundo por Ti.
Yo creo que Tú enviaste a tu Hijo Jesús
para salvar el mundo,
y que tu amor eterno
siempre trabaja entre nosotros.

Ayúdame a guardar tus mandamientos
pues sólo entonces te amo en verdad.
Dame un amor por Ti que aleje el temor,
un amor digno de un(a) hijo(a) de Dios.
¡Que por el amor pueda incorporarme a
Cristo Jesús,
tu Hijo, Dios verdadero y vida eterna!

## Oración por el Amor al Prójimo

Señor Jesús,
Tú me enseñaste que la mayor de todas las
virtudes es el amor.

Te pido encarecidamente que aumentes en mí
un amor verdadero por mi prójimo.
Dame un amor que sea abnegado,
generoso y sin envidias,
sin egoísmos ni rencores.

Haz que mi amor vaya más allá del daño,
y rehúse regocijarse ante el triunfo de la in-
    justicia
sino que se deleite al prevalecer la verdad.
Haz que sea un amor dispuesto a ceder,
que siempre confía y espera y siempre es pa-
    ciente.
Que mi amor sea gentil, misericordioso y
    compasivo
imitando el amor de tu Padre por mí.

### Oración para Conocer y Seguir la Vocación Propia

Padre celestial,
Tú nos has creado de tal forma
que cada uno debe alcanzar una situación en
    la vida
para el bien de toda la raza humana
y de tu santa Iglesia.
Ayúdame a conocer mi vocación
y seguirla con alegría y dedicación.
No importa los problemas que pueda encon-
    trar
no permitas que pierda la esperanza,

consciente de que Tú me has dado el talento
para tener éxito en cualquier estado de vida
al cual Tú me hayas llamado.

## Oración de Gratitud por el
## Don de la Palabra

Señor Jesucristo,
Tú dijiste que tus palabras eran espíritu y vida
y quienes te escuchaban exclamaron
que nadie había hablado antes como Tú.
Te doy gracias por el don del habla
por el que puedo alabar tu bondad y majestad
y comunicarme con los demás seres humanos.
Concédeme que mis palabras sean siempre
en tu honor y para ayudar a los demás,
y transmitir solamente sentimientos que
lleven a la vida eterna.
Y si dejo de hacerlo, te ruego que me perdones
y me permitas volver a comenzar una vez más.

## Oración por un Retiro

Señor Jesucristo,
Tú dijiste a tus Apóstoles
que se retiraran a un lugar desierto y descansaran un rato.
Aprovecho este momento para seguir tu
ejemplo.
Concédeme que pueda obtener todos los frutos

que pueda de este retiro.

Permíteme hacerlo en unión contigo,
para conocerme mejor y acercarme a Ti.
Ayúdame a escuchar con atención,
a meditar en la oración,
y a hablar con sabiduría.
Permíteme emerger de esta renovación es-
    piritual
como un cristiano más dedicado,
mejor dotado para avanzar por la senda
que Tú has trazado para mí.

## Oración en el Día de Nuestro Santo

Señor Jesucristo,
hoy celebramos el Santo cuyo nombre llevo.
Es un día muy especial para mí
y debe llevarme más cerca de mi Patrón
así como más cerca de Ti y del Padre.
Inspírame para esforzarme cada vez más
para imitar las virtudes de mi Patrón en la
    tierra
y llegar a unirme a él(ella) en la gloria celes-
    tial.

## Oración a un Santo(a) Patrono(a)

Querido San N ...,
he sido honrado al llevar tu nombre —
un nombre hecho famoso por tus heroicas
    virtudes.

Ayúdame a que jamás haga nada que pueda
   empañarlo.
Obtén para mí la gracia de Dios
para que pueda crecer en la fe, esperanza y
   amor,
y en todas las virtudes.
Concédeme que al imitarte
pueda imitar a tu Señor y Maestro, Cristo
   Jesús.
Cuídame durante el resto de mis días
y llévame a mi hogar celestial
en el día de mi muerte.

## Oración en el Día de Nuestro Cumpleaños

Dios todopoderoso,
hoy es el aniversario de mi nacimiento,
el día en que Tú me permitiste venir
a este maravilloso mundo que Tú has hecho.
Déjame estar convencido de que mi nacimiento significó algo,
a pesar de lo ordinario de mi vida.
Hazme comprender que Tú me pusiste en
   esta tierra
por alguna razón,
y que yo debo continuar trabajando
para llevar a cabo tus planes en cada respecto.

Gracias por haberme creado
y redimido.
Enséñame a comprender la rapidez del
   tiempo

y toda la duración de la eternidad.

Ayúdame a permanecer cerca de Ti hasta el
    día de mi muerte,

comenzando el día de hoy,

que es el primer día del resto de mi vida.

### Oración por los Amigos

Señor Jesucristo,

mientras estuviste en este mundo

tuviste amigos cercanos y devotos,

como Juan, Lázaro, Marta y María.

De esta forma mostraste

que la amistad es una de las grandes bendi-
    ciones de la vida.

Gracias te doy por los amigos que Tú me has
    dado

que me quieran a pesar de mis fracasos y de-
    bilidades,

y para enriquecer mi vida siguiendo tu ejem-
    plo.

Permíteme que siempre me comporte con ellos

como Tú te comportaste con tus amigos.

Unenos cada vez más cerca en Ti

y permítenos ayudarnos unos a otros en
    nuestra jornada terrenal.

### Oración por los Familiares

Señor del cielo,

Tú derramaste tus dones en caridad

en los corazones de tus fieles

por la gracia del Espíritu Santo.
Concede salud de alma y cuerpo
a tus siervos por quienes rogamos.
Haz que te amen con todo el corazón
y practiquen con amor perfecto
solo aquellas cosas que te agradan.
Manténlos libres de todo mal
y llévalos a todos ellos a tu hogar celestial
después de su peregrinar por esta tierra.

## Oración por los Benefactores

Señor celestial,
te pido que derrames tus bendiciones
sobre aquellos que me han ayudado durante
mi jornada por la vida,
estando consciente o no de la ayuda prestada.
Bendice aquellos que me enseñaron a vivir
y a vivir en la Fe,
aquellos que ministraron a mis necesidades
espirituales,
aquellos que trabajaron para hacer más fácil
mi vida,
a quienes me brindaron su amistad en el
camino,
a quienes oraron y se sacrificaron por mí,
y a quienes dieron sus vidas por mi bien.
Concédeles a todos tus bendiciones
a los que aún viven y a los que han muerto,
y llévalos a todos a la gloriosa luz
de tu Reino eterno.

# INDICE DE LOS TEMAS
# DE LAS ORACIONES

**(Las negritas indican las ocho divisiones de este libro)**